教えて！工作マエストロ

第1巻

黒須　和清　著

全国社会福祉協議会

はじめに

子どもたちが保育園やこども園で過ごす中で、保育者がいろいろな材料や道具で作る作品はとても興味深いものです。

本書は、『保育の友』に連載した「教えて！　工作マエストロ」の第１回から第24回（平成26（2014）年５月号から平成28年（2016）年４月号）で紹介した、いろいろな工作や道具の使い方をまとめたものです。どこにでもある材料にひと工夫して、子どもたちが「あっ」と驚く作品、「さわってみたい」「作ってみたい」と創造力が高まる作品を集めました。

「マエストロ」とは巨匠のこと。工作マエストロが、ふたりの保育士に工作の技を授けていきます。最初から最後までお読みいただくと、あなたも「工作マエストロ」になれるかもしれませんよ。

2018年10月

著者　黒須 和清

教えて!工作マエストロ

もくじ

教えて！工作マエストロ

第1回

工作の材料や道具について、若手保育士さんと工作マエストロ（巨匠）と一緒に学ぼう！

　ここは、ある保育園の一室です。保育士のミサト先生とミオ先生が話し込んでいます。ふたりは同期の別クラス。それぞれ、次の工作をどうするかを考え込んでいます。そこへ現れたのは、工作マエストロ！　身近な材料を使った工作や道具の使い方などのヒントを授けてくれることになりました。
　ふたりはこれから、マエストロの教えや投げかけをもとに、いろいろな工夫を進めていきます。

“紙くしゃくしゃ”の造形あそびを考えよう

今度の工作、ミオ先生は何やるか決まった？

……まだ考え中。ミサト先生は？

私も考え中。子どもたちは毎年変わっていくといっても、去年と同じ物じゃねえ……。

そうね。でも、あまりむずかしい物や複雑な物だと子どもたちが作れないし。身近な物を使いながら簡単にできるとなると……。

紙だけでも十分に楽しめるよ。

あっ、工作マエストロ！　よろしくお願いします！

こちらこそよろしくお願いします。さて、簡単にできる工作ということだけれど、たとえばティッシュペーパーや色画用紙を丸めたりすれば、こんな物が簡単に作れる。

わあ、かわいい～。

でも、これでいいの？

えっ？

ふたりとも乳児クラスの担当だよね。お子様ランチや江戸前のにぎり寿司は食べたことはあるかもしれないけど、それを作ることをまねて楽しいと思うだろうか？　料理をするということがまだ身近ではないよね。できあがった物を見るのは嬉しいだろう。でもそれだけではちょっと寂しいよね。

工作は、子どもたちに全部させなきゃいけないわけじゃない。子どもだと能力も限られているからね。

保育士が作った物を触ってあそぶことも工作、保育士が作るところをちょっとお手伝いするだけでも工作、最後にシールをはるだけでも、それはもうその子が作った物。できあがったら嬉しいはずだよ。

これから、子どもたちとの工作の楽しみ方を一緒に考えていこうよ。

ありがとうございます！

でも、保育をするのはあなたたち。僕はアイデアは出すけれど、それを現場で活かすのはあなたたちの役目。現場の事情に合わせながら自由に柔軟に考えて広げていってほしいよ。

じゃあ、これを見てごらん。

くしゃくしゃの紙くず？　これ、どうするんですか？

これは色画用紙をくしゃくしゃに丸めた物。画用紙は丈夫だから、粘土みたいにいろいろな形が作れるよ。色がついているから、色からイメージを広げることもできる。何かつけ加えてもいいよ。たとえば目玉のシールとかね。

赤やピンクはお花みたいにも見えるし、黄色を白で包むとゆで卵みたい！

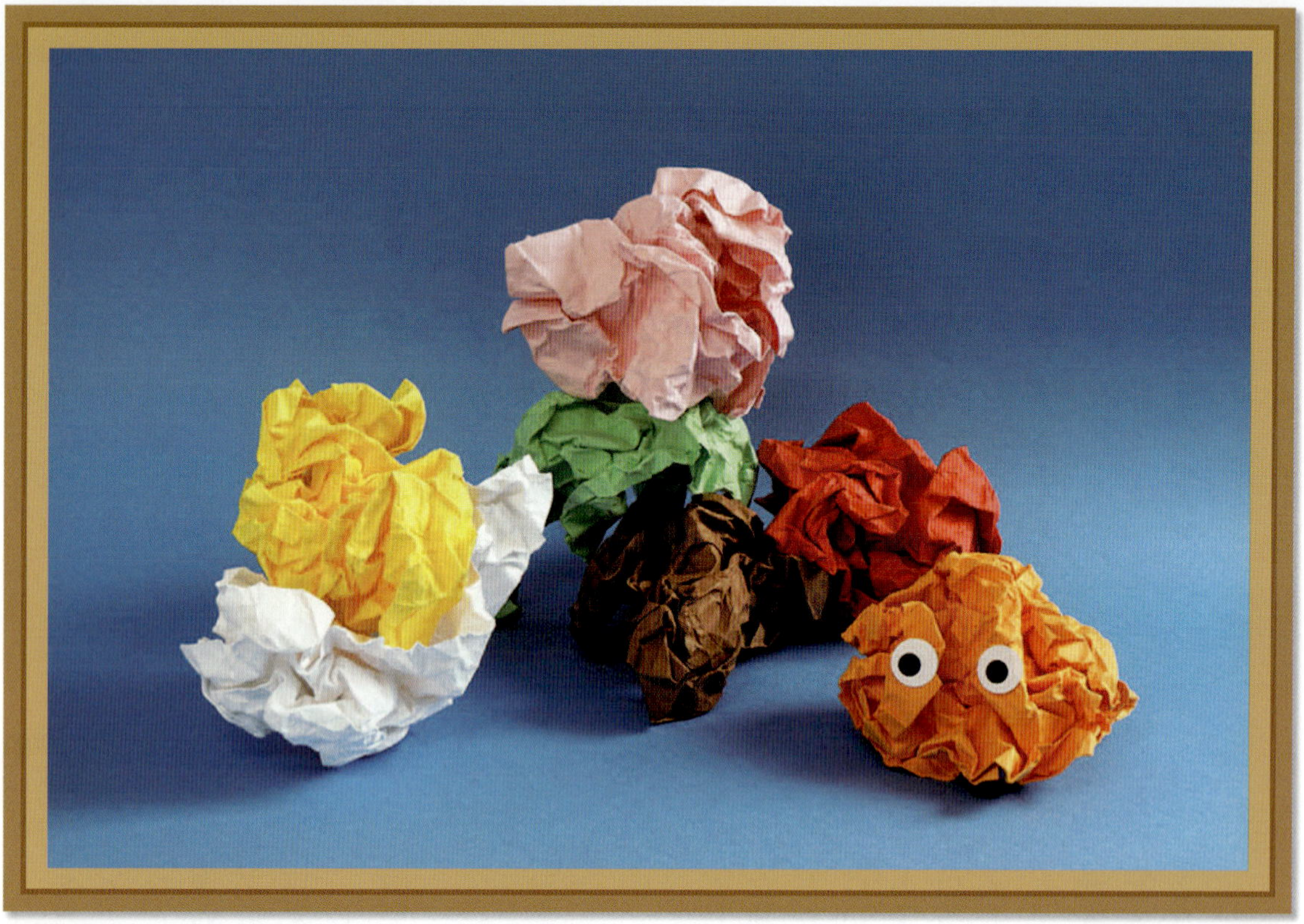

作品／黒須和清　写真／島田　聡

目がつくと何か生きものみたい！

目玉は、大きさの違う白と黒の丸シールを組み合わせれば簡単に作れるよ。色の種類もたくさんある。

説明を
動画でも
見られるよ♪

※動画共有サイト YouTube
のページに接続します。

じゃあ、さっそく試してみよう。

はい。わかりました！

保育士さんの「やってみました！」

「キャベツの中から」に合わせて

画用紙を丸めただけの物を何かに見立てることで、面白い作品を簡単に作れる！　子どもたちが興味をもって覚えだした手あそび**「キャベツの中から」**を作品にしてみました。キャベツの中に５匹のあお虫を隠れるように入れておき、歌詞に合わせてキャベツから顔を出します。最後はちょうちょをひらひらさせながら出します。

色画用紙はしっかりした素材なので、丸める作業には思った以上に力が必要でした。保育士が事前に丸めてやわらかくしておくことや、握りやすいように小さく切っておくことが大切ですね。

また、子どもたちがイメージしやすく、わかりやすく見立てられるようにするために、画用紙の大きさや色の選択、組み合わせなども、とても大切だと感じました。自分の考えているイメージと、子どもたちの素直で面白いイメージを取り入れ、楽しい作品ができました。

野菜を作ってお店屋さんごっこへ

色画用紙を何枚も事前に用意するのはたいへんなので、新聞紙と画用紙を組み合わせました。新聞紙なら子どもでもやわらかくできます。その新聞紙をやわらかくしておいた画用紙で包んで形を作ります。

新聞紙あそび→作品作り→お店屋さんごっことつなげていくことができました。

野菜は子どもが好きなイメージしやすいもの、給食に入っていて身近な食べ物を作りました。野菜だけでなく、パンやおにぎり、ケーキやお菓子も楽しいと思います。

買い物バッグは、くしゃくしゃにした画用紙をやわらかくして、丈夫な布をイメージしています。取っ手は、硬い画用紙をねじってあります。次は子どもが好きな絵を描いたり、シールをはったりして自分だけの買い物バッグを作れたらいいですね。

教えて！工作マエストロ

第2回

工作マエストロと出会ったふたりの保育士さん。きょうはマエストロがやってくる日です。事前に、日ごろ工作で自分が使っているはさみを用意しておくようにいわれています。はさみは、子どもにとってもおとなにとっても、工作をするうえでは欠かせない道具のひとつです。はさみの選び方や使い方など、基本的なことを学びながら、簡単にできる工作にチャレンジ！

はさみの選び方と、「1回切り」の工作

ミサト先生のクラスでは、子どもたちもはさみを使い始めたのよね。

うん。まずは「チョキチョキ」ではなく「チョキ」。紙に一回だけはさみを入れる切り方からね。

あ、マエストロ！

どうもこんにちは。それではさっそく、おふたりが日ごろ使っているはさみを見せてもらえますか？

はい。これです。

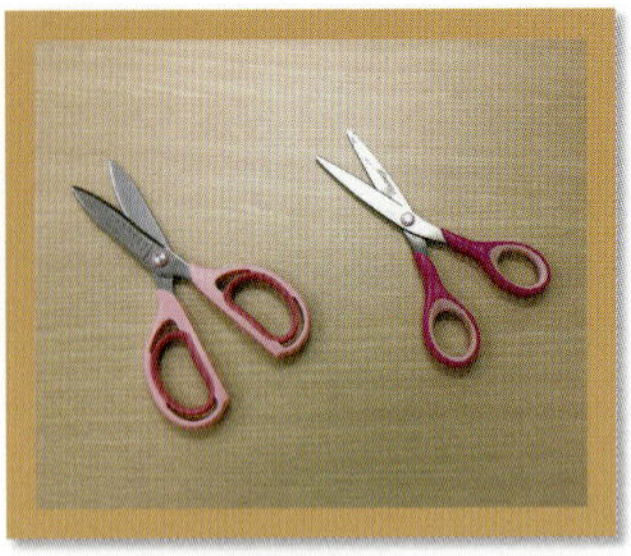

ふむふむ。悪くはないですね。先端がきちんとがっている。これなら物を切るだけでなく、穴あけに使うこともできますね。

工作で子どもが使うはさみは、安全を考えて先が丸くて刃も短くかわいいですが、保育士の皆さんはそのはさみではダメです！

どうしてですか？

はさみは、いわば工作という怪獣と戦うときの「剣」です。子どもが自分たちの剣で工作をしていてどうしてもできないことがあって、「ああもう負けちゃうよ。先生助けて〜！」となったときに、同じ剣で立ち向かって勝てますか？ おとなはおとなの剣を持つ！ これがリーダーとして

の正しい備えです。では私のはさみを見てください。

わぁ！　長くてとがっていますね。

　そう。刃渡りが長いと一回で長く切れますから、ゆっくりと紙を動かしながら、なめらかな形に切ることができます。刃渡りが短いと何度も〝チョキチョキ〟しなければならず、そのたびに紙が揺れるので、切れ跡が〝カクカク〟した感じになってしまう。短いはさみのせいでへたに見えてしまうんですね。
　それから軽い力で動くことが大事。動作の固いはさみは思いどおりに切れない原因になります。買うときに動かして試せるといいんだけど……。パック詰めされているとむずかしいですね。さて一番大事なのは先がとがっていること。君たちのはさみもまずは合格だけど、その先端を横向きにして私のはさみと見比べてみてください。

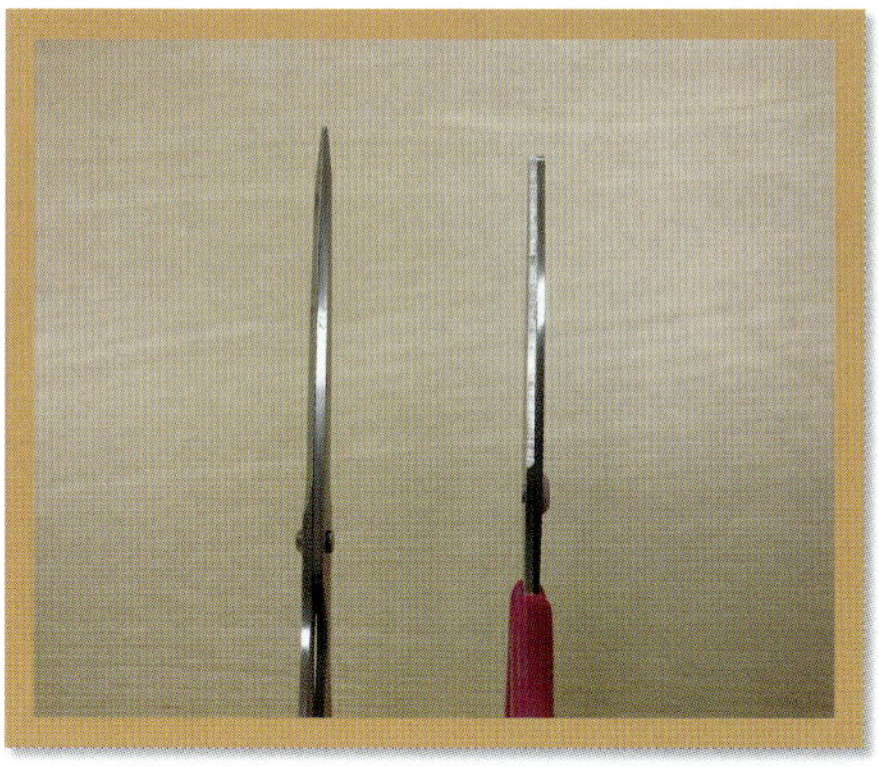

あ！　マエストロのはさみ(左)は先が薄くなっています！

　先がとがっていても厚みがあると、穴あけや切り抜きもやりにくいし、「一回切り」でパチンとすると紙が横にちょっと裂けたりすることもあります。パック詰めされている場合も横から見てなるべく先が薄いものを買いましょう。
　それから左利きの人は左利き用のはさみを買うこと。うまく切れない原因は自分が不器用なんじゃなくて、はさみが悪いせいだったりすることが多いんですよ。

はさみをずっと使っていると、粘着テープののりで、だんだんベタベタしてくるんですけれど。

　刃に着いたベタベタは、マニキュアの除光液を使えば簡単におちますよ。模型工作用のシンナーでもいいけれど、除光液のほうが身近でしょう。

なるほど！

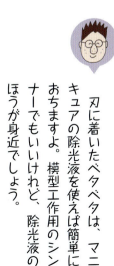

それでは、はさみ一回切りでできる簡単な工作の例です。

紙を半分に折って、真ん中の折り線まで、１回だけはさみをいれる。これをどんどん続けていき、切り目がたくさんついたら交互にこう折って……

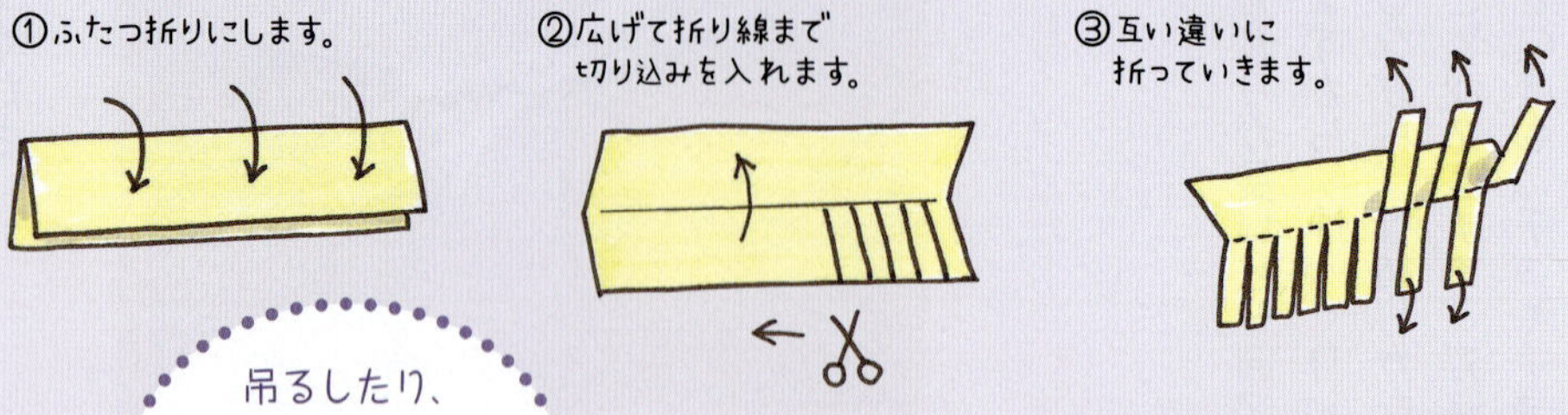
①ふたつ折りにします。
②広げて折り線まで
切り込みを入れます。
③互い違いに
折っていきます。

吊るしたり、
揺らしたり、
棒をつけて人形劇
にもできるよ。

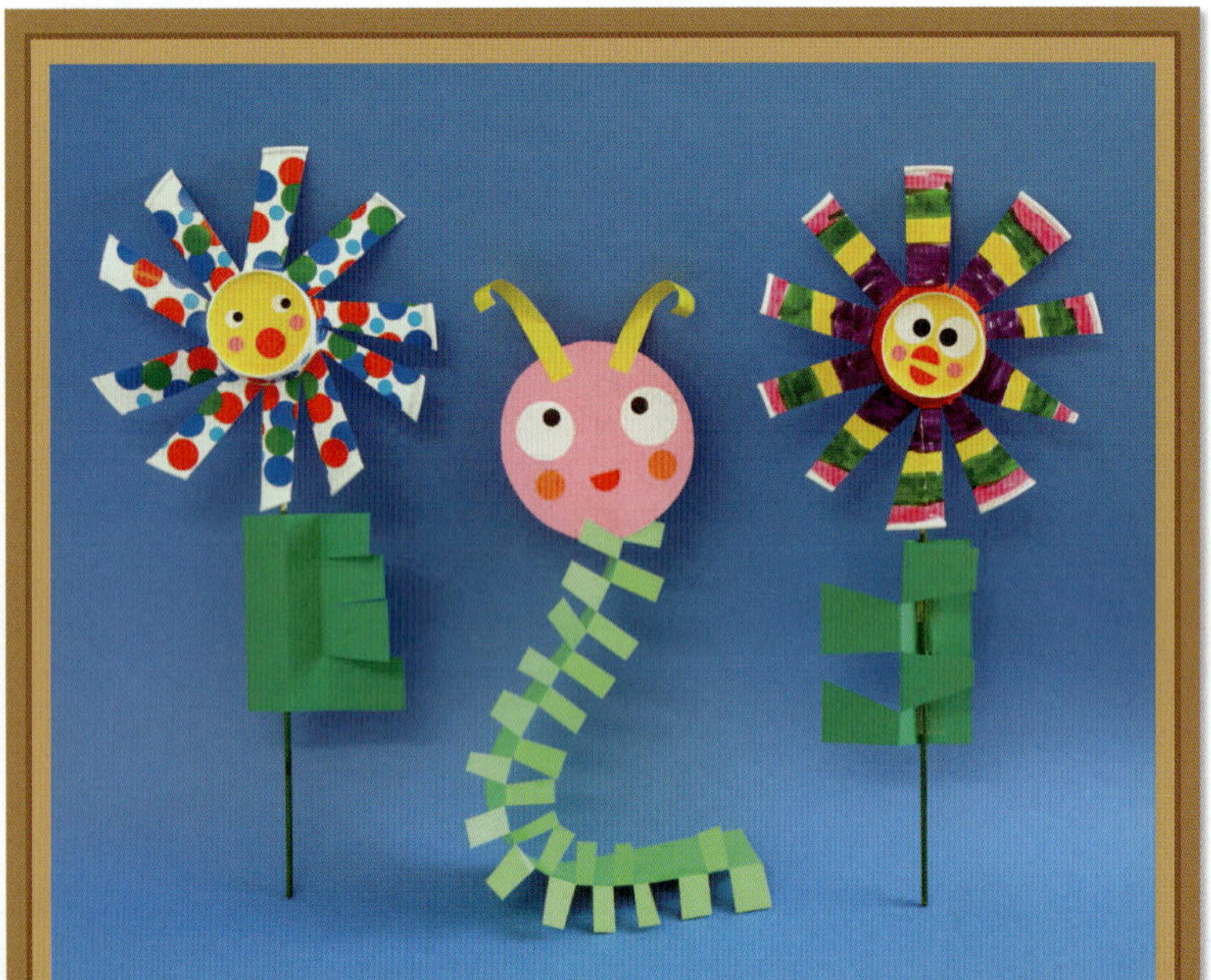

作品／黒須和清　写真／島田　聡

このような「一回切り」で、くねくねいも虫のからだができる。動かすと面白いよ。お花の葉っぱも同じやり方だね。四角い紙でなく紙コップにぐるりと「一回切り」をしていくとお花もできるよ。先に色を塗っておくと開いたときに意外な模様になったりするよ。

上手に切れるようになるには、たくさん切ることが大事。切れば切るほど上手に切れるようになっていくよ。それを助けるために、子どもたちのはさみも軽く動き、切れ味のいい物を選んであげるといいね。

説明のようすは
動画でも見ることが
できます。

※動画共有サイト YouTube のページに接続します。

保育士さんの「やってみました！」

ぷかぷか水族館を作ろう

紙コップでタコとクラゲを作りました。縁は固いのであらかじめ切り取っておくといいですね。また、子どもの指の開く大きさで１回切りできる幅も決まるので、**成長に合わせて紙コップの高さを調節しておく**とバランスもよくできあがると思います。

頭の部分は、お花紙でふんわりとなるようにつけるのがポイントです。紙を一度くしゃくしゃにしてから、形を作りながらおとなと一緒にはりつけていきます。

使い捨てのプラスチックコップを使い、油性ペンで色を塗ると透明感もあってかわいいと思います。ただ、切った角で指を切る可能性もあり、油性ペンの汚れは落ちにくいので年長向きかもしれません。

海の仲間たち

色画用紙で魚やタコ、わかめ、貝など、海の生きものを作りました。三角や四角などさまざまな形に切っておいた紙を用意し、線や切る場所はとくに決めずに、子どもたちに**好きな場所を好きなように１回切りしてもらう**ことをねらいにしました。はさみを好きなように入れられることで、楽しく作業することができ、はさみが苦手な子どももチャレンジしてみようという気持ちになるのではないかと思います。

それを、保育士が用意しておいた別の画用紙にはりつけたり、交互に折ったりすることで簡単にかわいい作品を作ることができました。

教えて！工作マエストロ

第3回

先のとがったはさみという「おとなの剣」を手にした保育士さんたち。工作マエストロからはさらに、「はさみ１回切り」の課題が出されました。今度は、簡単な仕組みで動く玩具作りが登場です。

七夕の際には、季節にちなんだ、新しい工作に挑戦！

「はさみ１回切り」の続きと動く玩具作り

「はさみ一回切り」だけでもいろいろな工作ができるね。この季節だと七夕飾りもいいかしら。

そうね。笹飾りや短冊以外の物もできそう。そこで私が考えたのは……

あっ！　マエストロ！　よろしくお願いします。

こちらこそよろしく。今回は、もう少し「はさみ一回切り」をやって、そこからさらに応用編に進もうと思います。これを見てごらん。

わぁー。かわいい！

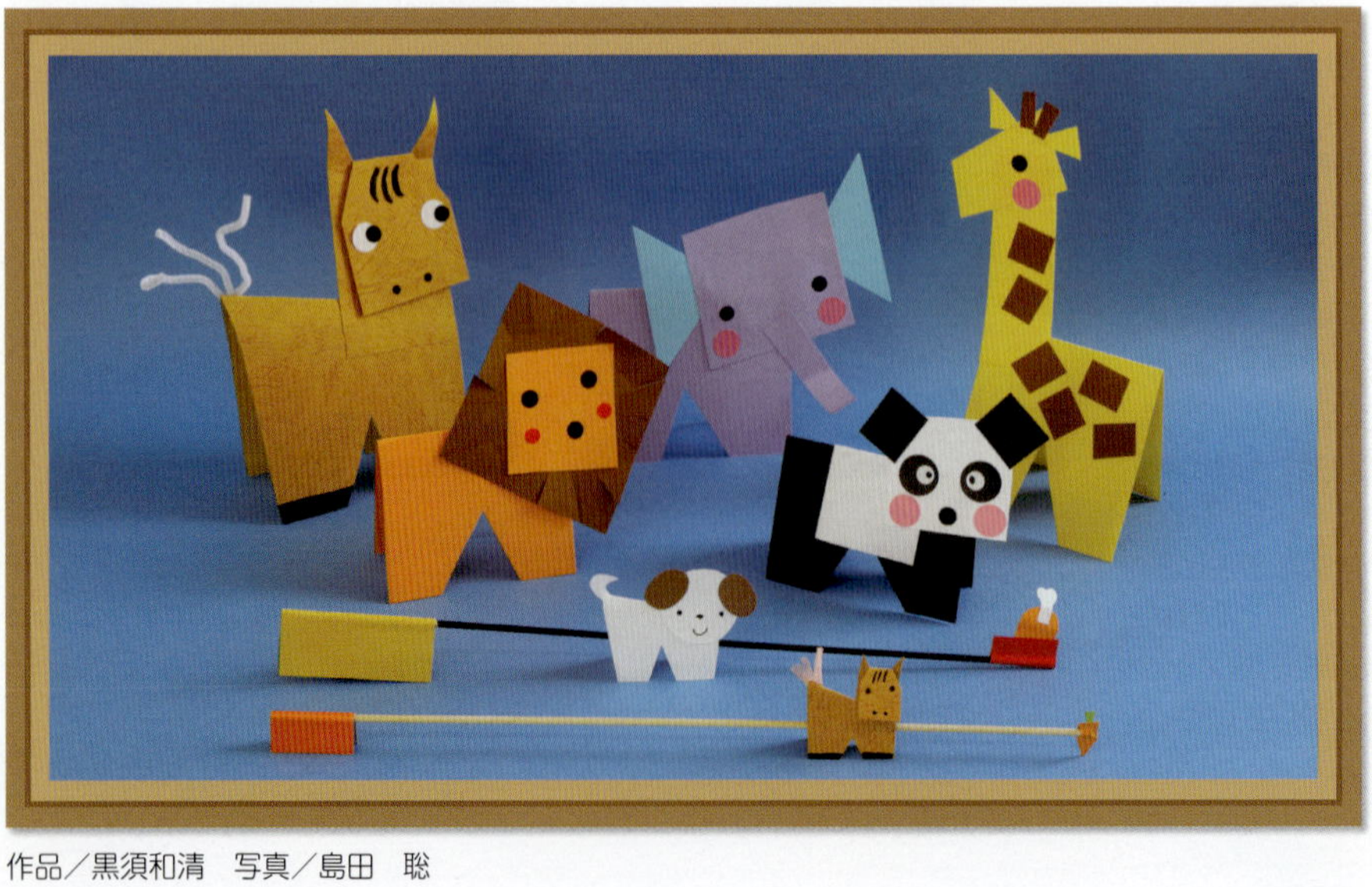

作品／黒須和清　写真／島田　聡

これは全部「はさみ一回切り」で作った物だよ。こんな感じでいろいろ作って、動物園みたいなことができないかな、と。

紙を半分に折って、二枚に重なったほうをチョキン、チョキン、と一回切り。

二回で三角に切り取ると、ほら、四本足の動物のからだができるよね。

あとはこれに顔をはるだけ。顔も全部直線切りの四角と三角の組み合わせでいいんだよ。

丸くなくてもぜんぜんおかしくないですね。

そうだね。さらに応用として、動く玩具も考えたよ。

面白ーい！

竹ぐしに、作った動物をまたがらせて、根元を持って、「ワンちゃん進めー！　トントン、トントン、……前に進んで……、着いたぁ〜!!」

下の写真は、お馬さんが先についているにんじんに向かって進むバージョン。馬のからだの形をよく見てごらん。

おしりのほうが高くなっているのがわかるかな？　これが前に進む秘密だよ。一緒に作ってみよう。

はい！

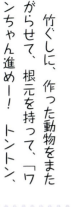

説明のようすは動画でも見ることができます。

※動画共有サイト YouTube のページに接続します。

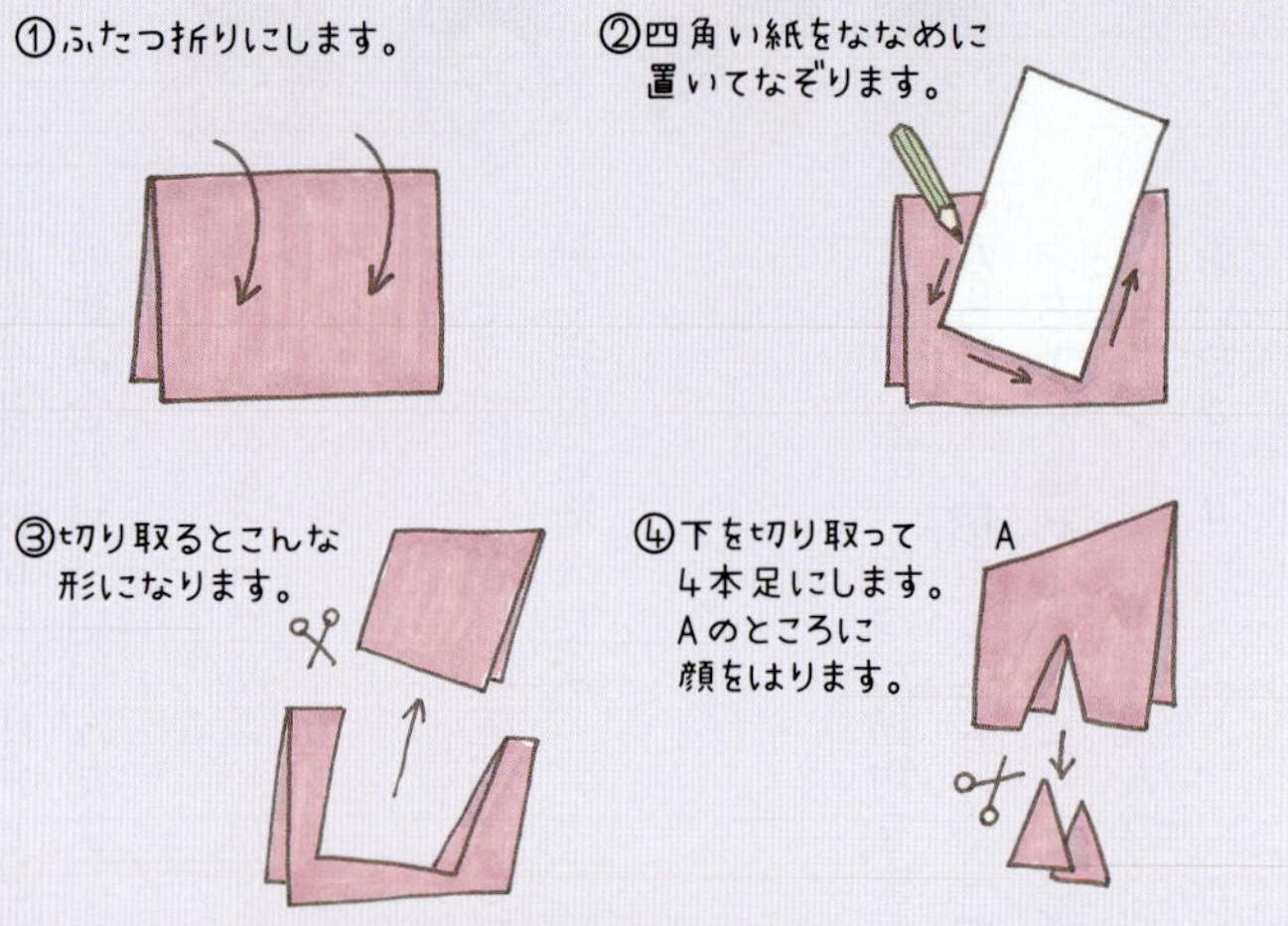

①ふたつ折りにします。
②四角い紙をななめに置いてなぞります。
③切り取るとこんな形になります。
④下を切り取って4本足にします。Aのところに顔をはります。
A

こんな風に作るとおしりの高くなった形ができるよ。

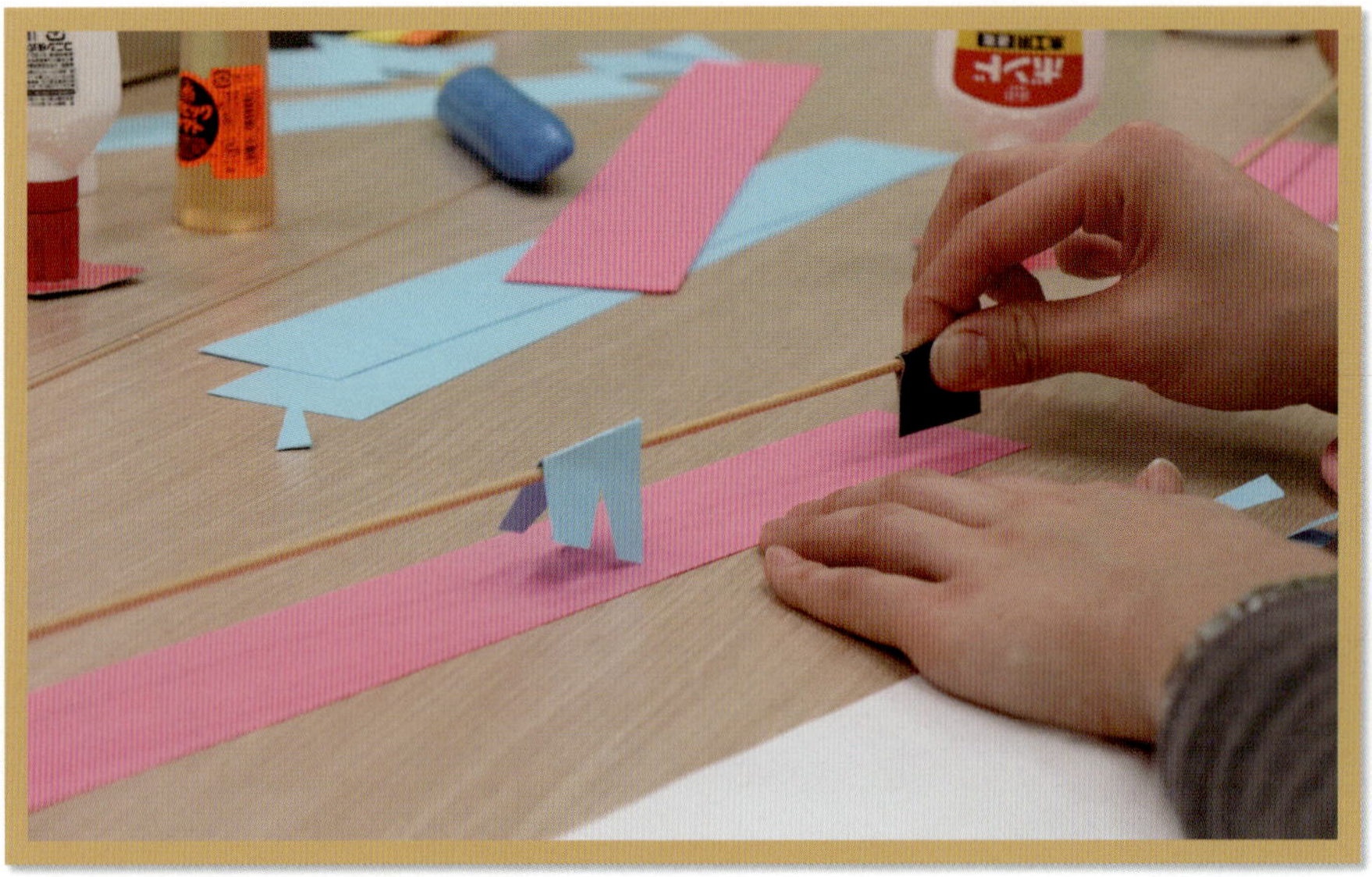

この形のからだを棒にまたがらせて、棒を水平に上下させると前に進んでいくよ。下がツルツルだとすべって進まないので、画用紙のオビを敷いています。

あ！　前に進む、進む〜!!

手で持つところは四角い画用紙をつけてあるよ。この高さは前足の高さに合わせる。

これをつまんで、まな板の上で包丁で切るように水平にトントン小刻みにたたいていくんだ。

先ににんじんとかをつけるのは、目標に向かって進む面白さもあるけど、子どもにとがったものを触らせないようにする安全のための配慮でもあるんだよ。

なるほど、大切なことですね。

棒の先のにんじんはどうやってつければいいんですか？

にんじんの形を二枚切って、木工用ボンドではり合わせるといいよ。次回以降この「はる」ことを勉強しようね。

保育士さんの「やってみました！」

七夕飾り

ひこ星とおり姫を作り、短冊をつけて七夕飾りにしました。**人型はT字になるように切り、動物は4本足になるように切ります。**直線の紙を組み合わせて好きな模様を作ります。顔は乳児クラスではシールをはって作ると楽しみながらできると思います。幼児クラスはクレヨンやペンで描きます。

今回はひこ星とおり姫を作りましたが、年中長クラスでは願いを込めて、「将来なりたい自分……サッカー選手やアイドル、お医者さんなど……」を作るのも楽しいと思います。乳児クラスや年少クラスは好きな動物やキャラクターを作るのも楽しいなと思いました。

屋外に飾る場合は、ラミネートフィルムなどで保護すると水にぬれても丈夫に飾れると思います。

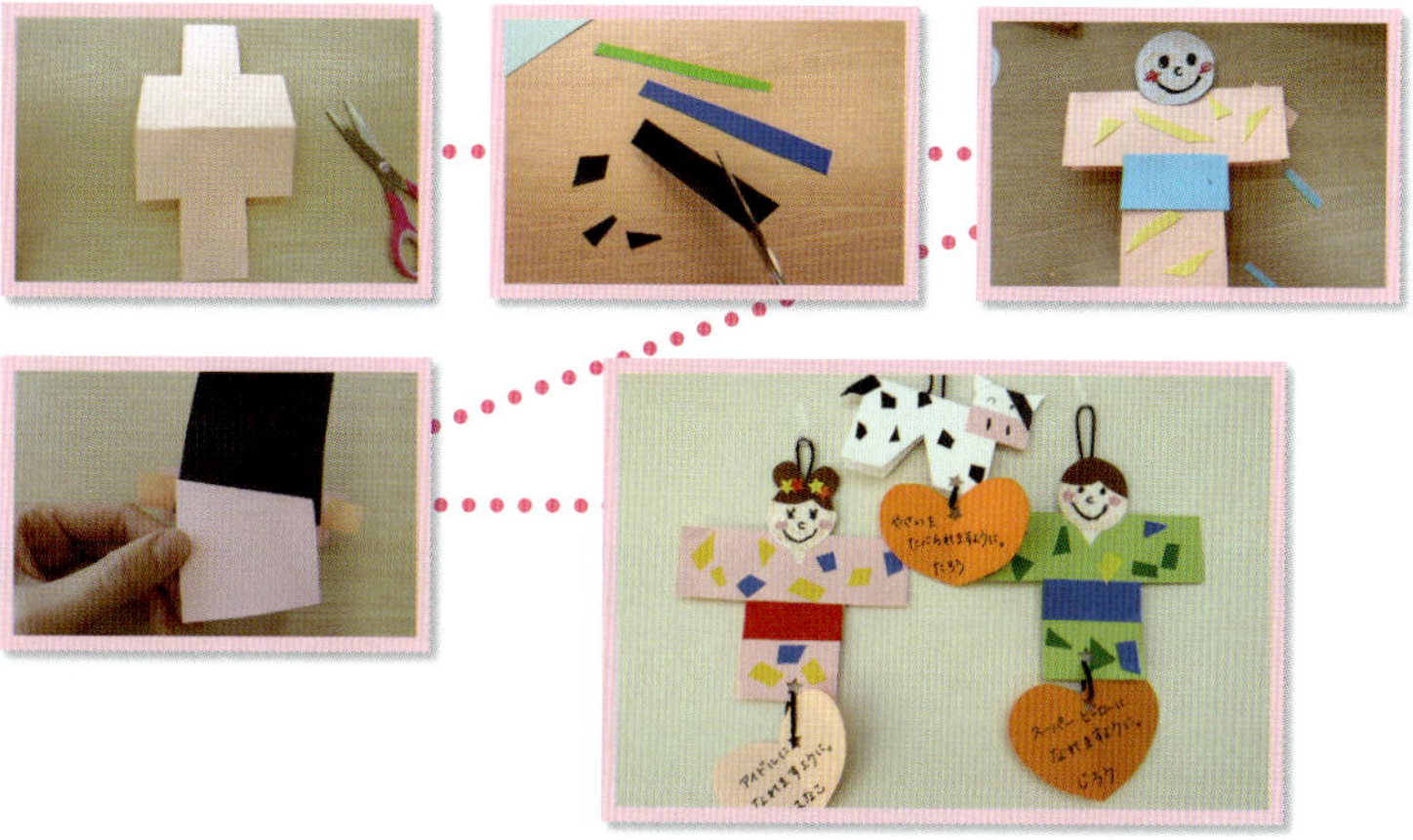

～今、会いに行きます～

「はさみ１回切り」でできる三角形や四角形の画用紙を、木工用ボンドではり合わせていき、七夕のひこ星とおり姫を作成しました。顔や髪の毛、服はさまざまな形に切った画用紙をはり合わせています。

天の川は、星形のクラフトパンチで切り抜いた星と、切り抜いたあとの画用紙です。

また、マエストロに教えていただいた、**竹ぐしと画用紙を使った「動く」仕組み**を取り入れ、天の川を渡り、おり姫がひこ星に会いに行くという小さなストーリーにしてみました。

三角形や四角形は１回切りでできる形なので、幼児でも簡単に切ることができ、好きなようにはり合わせていく楽しさも、味わうことができるのではないかと思いました。木工用ボンドを使うことで乾きも早く、スムーズに作業を進めていくことができました。

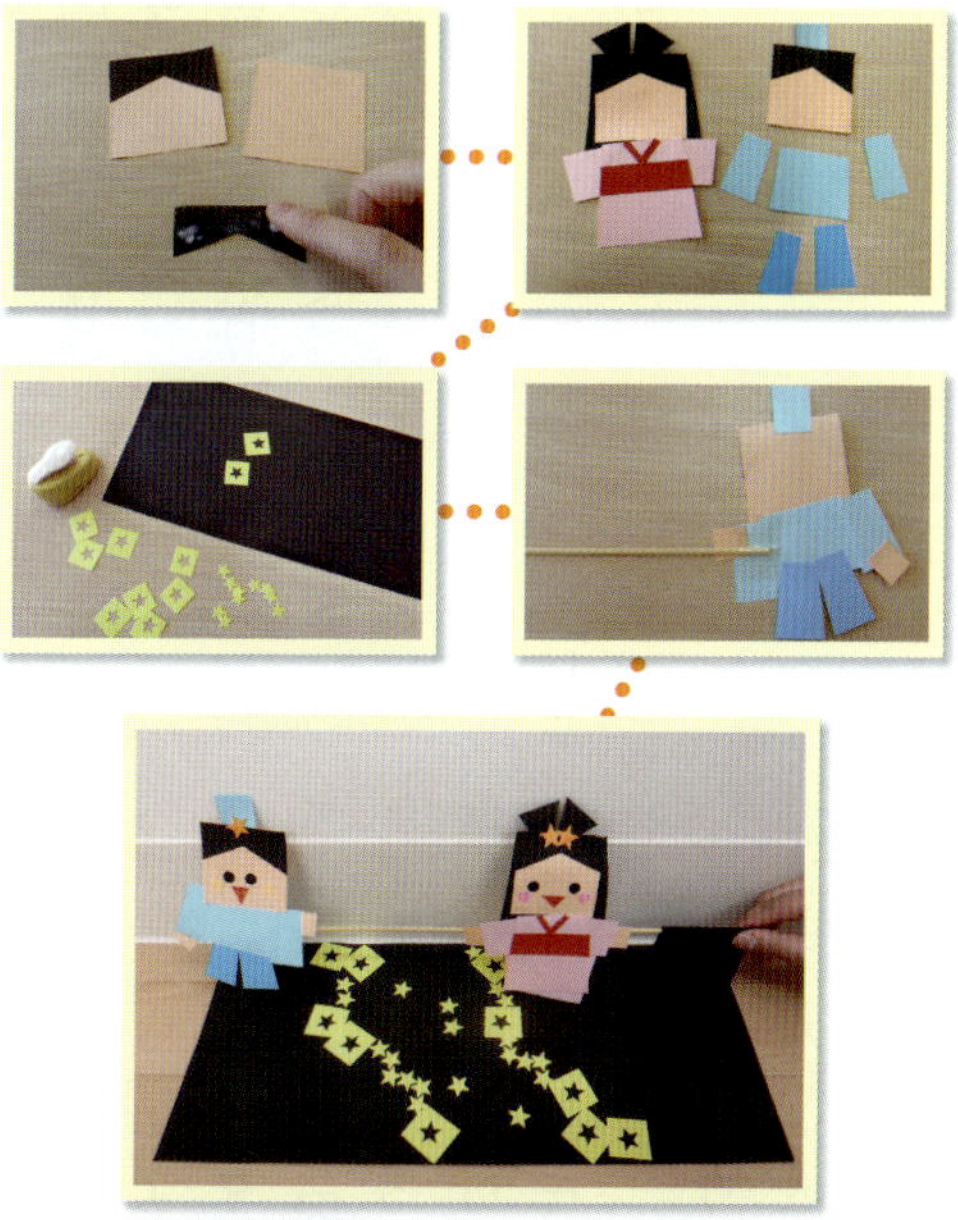

教えて！工作マエストロ

第4回

前回は「はさみ１回切り」を使って七夕飾り作りを楽しんだ保育士さんたち。今回は身近な素材、折り紙を使って「曲線切り」に挑戦！「紋切り」って知っていますか？

“これ何に見えるかな？”ー折り紙で想像力を鍛えよう！ー

きょうは折り紙と、はさみを使った作品作りだね。

幼い子どもから大きな子どもまで楽しめる物を作ってみたいな……。

あっ、こんにちは。マエストロ！　今回もよろしくお願いします。

こんにちは。前回は面白い七夕飾りができましたね。今回は「曲線切り」を使った作品を考えてみましょう。
その前に、普段折り紙ってどんな風に使っているかな？

四・五歳児だと、折り方を参考にしながら、むずかしい作品作りに挑戦することもあります。

幼い子どもだと、二歳後半くらいから使っています。

折り紙をしっかり保育に取り入れているね。でも昔は「折り紙は全員同じ物ができてしまうから図工教育にはふさわしくない」といわれたこともあったんだ。でもこれは間違い！紙一枚から手だけで何かを作る、これは「工作」の基本なんだ。
ごはんを食べることでもまずは、お箸を使って食べられるように全員に同じことを教えるよね。それと同じ。まず折り紙を知る、創造力や個性を伸ばすことを考えるのはそのあとでいいんだよ。
それにね、折り紙が創造的でないなんてとんでもない。折り紙こそが想像力を鍛える最良の素材なんだよ。

想像力？　イメージする力のことですね。

そう、折り鶴の形を思いだしてごらん。図鑑の鶴とまったく違うよね。でもそれを鶴に見立てる。

これが想像力！　四角の集まりのやっこさんを人間に見立てて、お人形ごっこをすることができる。

そういう見立てる力を鍛えるのが折り紙なんだよ。

そうか！　納得しました！

折り紙って、きちんとそろえて折るものだと思っているよね。でもそれだけじゃないんだ。適当に折っても折り紙、それを何かに見立てればいい。

こんな造形はいかが？

「はっぱ」「鳥の顔」「さかなの尾」「タイヤ」などの〃おたすけパーツ〃をあらかじめ用意しておこう。

折り紙を二〜三回適当に折らせて、先生が作っておいた「おたすけパーツ」をはってみる。

「はっぱ」をつけたらお花に見えるし、「くちばし」をつけたら鳥に見えるし「タイヤ」をつけたら車に見える。そうやって見立てることで、想像する力が鍛えられていくんだよ。

何の形だろう？

作品／黒須和清　写真／島田　聡

さてもうひとつ、折り紙を四つ折りや八つ折りにしたまま、いろんな形に切って開くと左右対称のお花みたいな形ができる。

これは、「紋切り」という昔からある折り紙あそびのひとつなんだ。かつては家の家紋を作る技を競っていたこともあったようだよ。

開いたときどんな形になっているのかな？　と想像すると、〝ドキドキ、ワクワク〟するよね。

ふたつ折りでハート。六つ折りからは雪の結晶も作れるよ。

わぁ〜面白そう!!

最初はおとなが線を紙に描いてあげてもいいし、自分でできる子どもには「ぐにゃぐにゃ〜って切ってごらん！」と好きに切らせてもいい。

畳んで重ねて切るから画用紙だと硬すぎて切れない。折り紙くらいがいいかな。

でも小さいとまた切りにくいから、上質紙や包装紙など大きい紙でやってみるのもいい。大きいと切る所も多いからね。

この「紋切り」は「曲線切り」のいい練習になるんだ。じつは私も幼稚園の頃、夢中でやっていたんだよ。

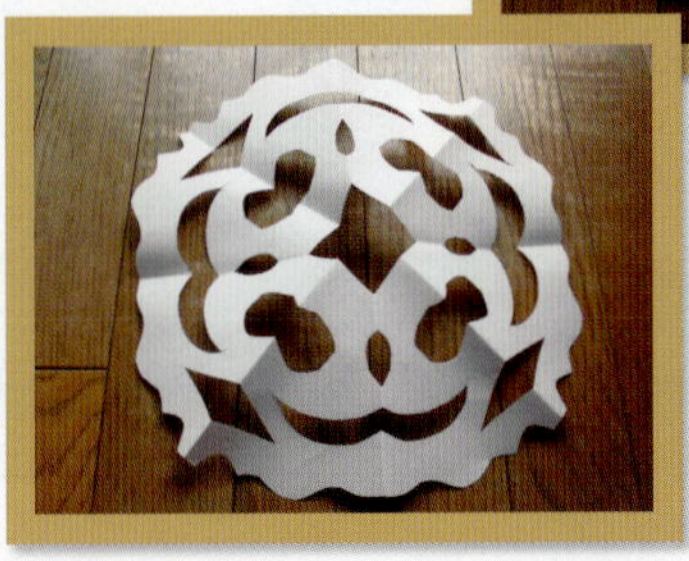

ぐにゃぐにゃ〜

実際の「紋切り」の作り方は動画でも見られます

※動画共有サイト YouTube のページに接続します。

できあがった物はそのまま飾りにしてもいいし、「何に見えるかな？」といって子どもたちとのやりとりを楽しむのもいいね。はさみを使って紙と触れ合う時間が多ければ多いほど、工作は上手になっていくからね。

保育士さんの「やってみました！」

夏の風物詩

子どもたちにもなじみのある折り紙を使って **“見立てる” をテーマにした作品**を作りました。折り紙といえば角と角をきれいに折り合わせ、動物や乗り物、鶴などを作るというイメージでしたが、今回は折りめを気にせず適当に数回折り、２歳の子どもたちの想像力と発想力で「夏の風物詩」が完成しました。

まず白と水色の折り紙を見せると、みんなで「白！水色！」と答えてくれました。それから半分、さらに半分に折った状態で見せると、ひとりの男の子が「氷！」と答え、それを聞いた子どもたちも「氷！」「氷！」と答えてくれました。その答えを参考に白、水色、ピンクの折り紙を使いかき氷を作成しました。

赤い折り紙を適当に２回折って見せると、「三角！」と答えてくれました。それに緑の折り紙も加え、黒いシールをはると「すいか‼」とどんどん広がっていきました。ひまわりは黄色の折り紙３枚を適当に２回折り、組み合わせたものの真ん中に茶色の折り紙をはり、緑の折り紙で茎と葉っぱを作りました。折り紙を自由に折っただけでも、イメージが膨らみ、いろんなものに見立てることができる子どもたちの想像力に感心しました。予想外の答えも出てきて、とても楽しく面白かったです。

かき氷

すいか

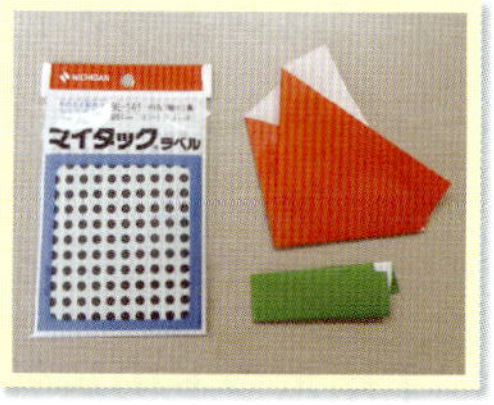

ひまわり

完成！

夏といえば……!?

紋切りを使い、夏をテーマに好きな物を作ってみました。紋切りは一つひとつ模様が異なるので、自分だけの模様ができてとても面白かったです。模様から何に見えるか連想して作っていきました。重ねてから線を書いて切る目安を作ることで子どもも切りやすく楽しめると思います。**紋切りの下にほかの色の折り紙を重ねることで華やかになります。**紋切りだけでは表現しにくい部分をカバーできました。

＜作り方＞

・折り紙を何回か適当に折り、はさみで好きなところを切り取ります（紋切り）。
・紋切りの紙を開き、別の色の折り紙にはりつけます。
・はりつけた折り紙にペンで好きな形を書きます。
・線に沿ってはさみで切り取ります。

教えて！工作マエストロ

第5回

工作には欠かせない「はる」こと。皆さんは木工用ボンドやセロハンテープなどを使ったときに、せっかくくっつけた所がすぐとれてしまったことはありませんか？じつはちょっとしたコツをつかめば失敗なく仕上げることができます。

くっつけるだけではない！　木工用ボンドの意外な使い方も紹介します。

コツをつかんで使い分け！　接着剤で工作力アップ！

工作のときに欠かせない道具のひとつが接着剤。このくっつける道具をうまく使い分けると上達も早くなるよ。せっかく完成したのにはがれてきてしまった経験はないかな？

飾っているうちにとれてしまったことがあります……。

ふたつの物をくっつけるとき、両方とも「ガサガサ」なら木工用ボンド、どちらかひとつでも「ツルツル」なら両面テープでつける、と覚えておくといいよ。画用紙と割りばしは両方「ガサガサ」だから木工用ボンド、画用紙と牛乳パックは片方が「ツルツル」だから両面テープ、発泡スチロールとビニール袋は両方「ツルツル」だから両面テープ……わかるよね。

のりをたくさんつければ、よくくっつくと思っている人もいますよね。

それは違うと教えてあげないとね。接着剤というのは乾くときにくっつくものだから、早くくっつけたければ早く乾くように、より薄く塗るのがいいよ。指で手早く同じ厚さになるようにのばしてはる、これがコツ。

紙同士をはるとき、木工用ボンドには水分があるので、どうしてもしわが寄る。両面テープはそれがない、でもはり間違えたら直せない。位置をきちんと合わせなければならない接着の場合は、はってすぐずらして直せる木工用ボンドがいいね。普通ののりより乾きは早いし、指についてもこすっていればパラパラと落ちてすぐ次の作業にうつれる、工作には木工用ボンドがお勧めだよ。

木工用ボンドのはる以外の変わった使い方でこんな物ができるよ。

作品／黒須和清　写真／島田　聡

はる以外に木工用ボンドをどんな風に使ってるんですか？

左のこまは、ニスを塗ったみたいにピカピカだよね。これは細く切った画用紙のオビを、つまようじに巻いて作った物。押しだしてこまの形にしたあと、木工用ボンドを多めに塗って乾かしておく。乾くと、ニスのようにツヤが出るんだ。

それから、木工用ボンドに水性絵の具を混ぜて塗るとアクリル絵の具のようになって、発泡スチロールやプラスチックにも塗れるよ。真ん中の赤い車やカップ麺の容器のタコがそれ。ツヤがあってきれいでしょ。

絵の具とニスを、一緒に塗ったみたいになりますね。

うん、でも普通のアクリル絵の具やニスと違うところは、水にぬれたら白く戻ってべとべとになってしまうこと。だから手で握ってあそんだり、口に入れる恐れがあったりする物はやめたほうがいいよ。飾る物を作るときに試してみてね。

もうひとつ紹介したいのは「木工用ボンドで作る張り子」。普通ののりで作るよりカリカリで丈夫な物ができるよ。一〇〇円ショップで売っているビニールボールに和紙をはると、手まりみたいな物ができるけど、お勧めは風船の張り子。好きな大きさの卵形が作れるよ。工程も面白いしね。紙だけでなく、布、ひも、セロハンなどいろんな物で試してごらん。

風船張り子を作ってみよう！

作り方

①風船を膨らませておく。

②水で薄めた木工用ボンド（飲むヨーグルトくらいの固さが目安）を用意する。

③新聞紙など②に浸した物を風船にはっていく（４重くらいがちょうどいい）。

※下にタオルを敷いておくと、水分を拭きとれるから作業が進めやすい。

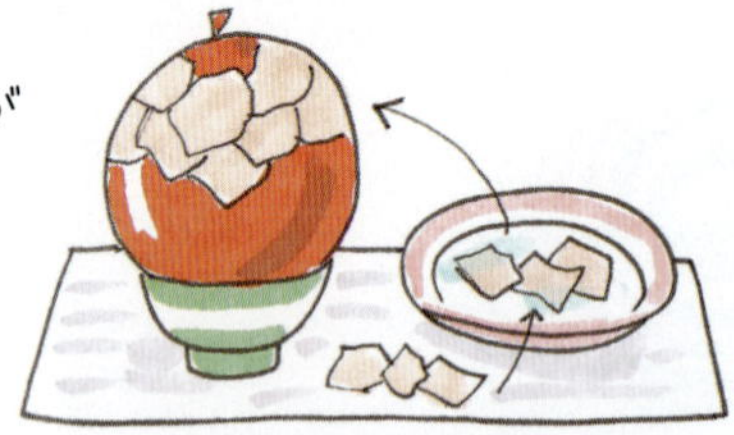

④風船の結び目の所を糸で結んで、吊るして乾かしておく（１～２日くらい）。乾いたら風船を割る。

風船が紙からはがれるとき、“パリパリ”という音がして面白いよ。

動画でチェックしてみてね！ ▶▶▶

張り子の作り方は動画で見られます

※動画共有サイト YouTube のページに接続します。

保育士さんの「やってみました！」

紙ひもボール

《作り方》
- 膨らませた風船に紙ひもを巻きつけます。
- 紙ひもを巻きつけた風船を水で溶いた木工用ボンド（飲むヨーグルトくらいの固さが目安）につけながら、染み込ませます。
- 乾いたら風船を割り、完成です。

風船と紙ひもを使ってボールを作りました。乳児クラスは転がしてあそべるように中に**スーパーボールを入れてみました**。スーパーボールを入れることで起き上がりこぼしのような動きになり、楽しむことができました。鈴などを入れても面白いと思います。

幼児クラスでは、アレンジしてちょうちんなどいろいろな作品ができると思いました。

網目を細かくしなければいけないので、幼児がひもを巻く際にはおとなも一緒に進めたほうがいいと感じました。また、スーパーボールを中に入れるときも子どもだけではむずかしかったので、一緒にやってみました。

毛糸で風船張り子

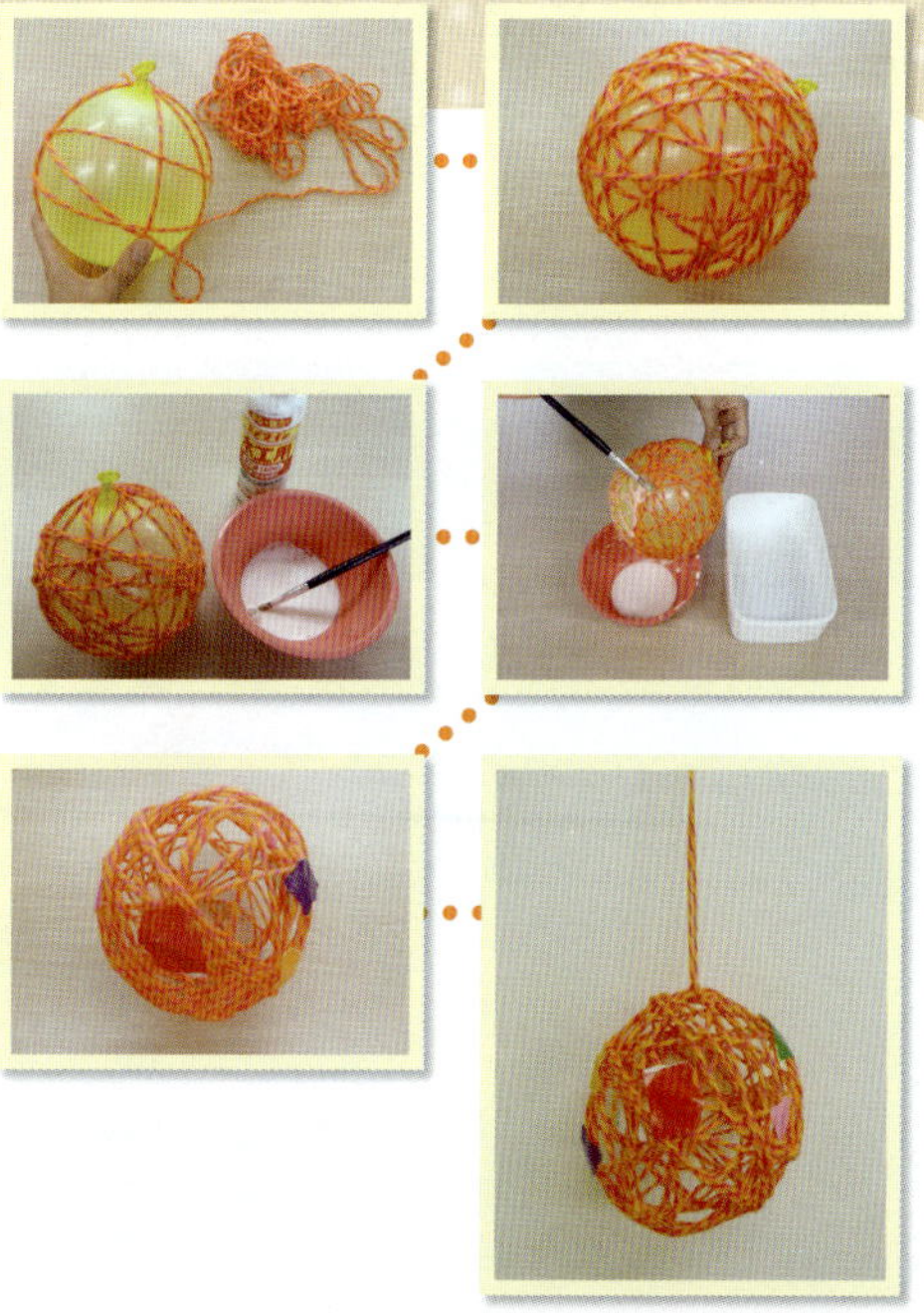

基本的な作り方は紙ひもボールと同じですが、毛糸で挑戦してみました。毛糸はすべりやすいため、ていねいに押さえながら巻きつけることが大事です。次に木工用ボンドを塗っていきます。毛糸は水分を多く吸収するため、筆を使ってまんべんなく塗ることにしました。塗り過ぎないように心がけることがポイントです。子どもたちがちぎった折り紙もはりつけていきました。そして、ひと晩置いて、乾かします。

風船を割って取り出すとき「パリパリ」という音がします。２歳の子どもたちの前で実際にやってみると「音がする～！」といって、不思議そうな顔をして夢中で見ていました。毛糸から風船がなかなか離れず、手で広げたりしたのですが、丸い形に戻すことができ、とてもかわいい風船張り子が完成しました。オーナメントとして保育室に飾ってみました。毛糸はさまざまな太さや色の種類も多いので、飾りをつけなくてもカラフルでかわいい作品を作れると思います。

教えて！工作マエストロ

第6回

前回は木工用ボンドを使って張り子作りに挑戦したミオ先生とミサト先生。今回も身近な「はる」道具、セロハンテープがテーマです。

セロハンテープというと物と物をつないでくっつけるときに使う物だと思っていると思いますが、じつはそれだけではないのです！ゴージャスでキラキラした作品が生まれるその秘密の技は……!?

爪でごしごしこすってくっつける〜セロハンテープの使い方〜

きょうはセロハンテープを使った作品作りだけど、アイデアはまとまっている？

うーん。いつも工作にはセロハンテープを使っているものね。どういうことかしら？

あっ！マエストロ。よろしくお願いします。

こんにちは。セロハンテープは、はるためだけの道具だと思っているとイメージがわかないよ。ほら、こんな作品はいかが？このちょっとゴージャスなキラキラの秘密が、じつはセロハンテープなんだよ。

わぁ〜、かわいい！ピカピカしていて子どもたちが喜びそう！

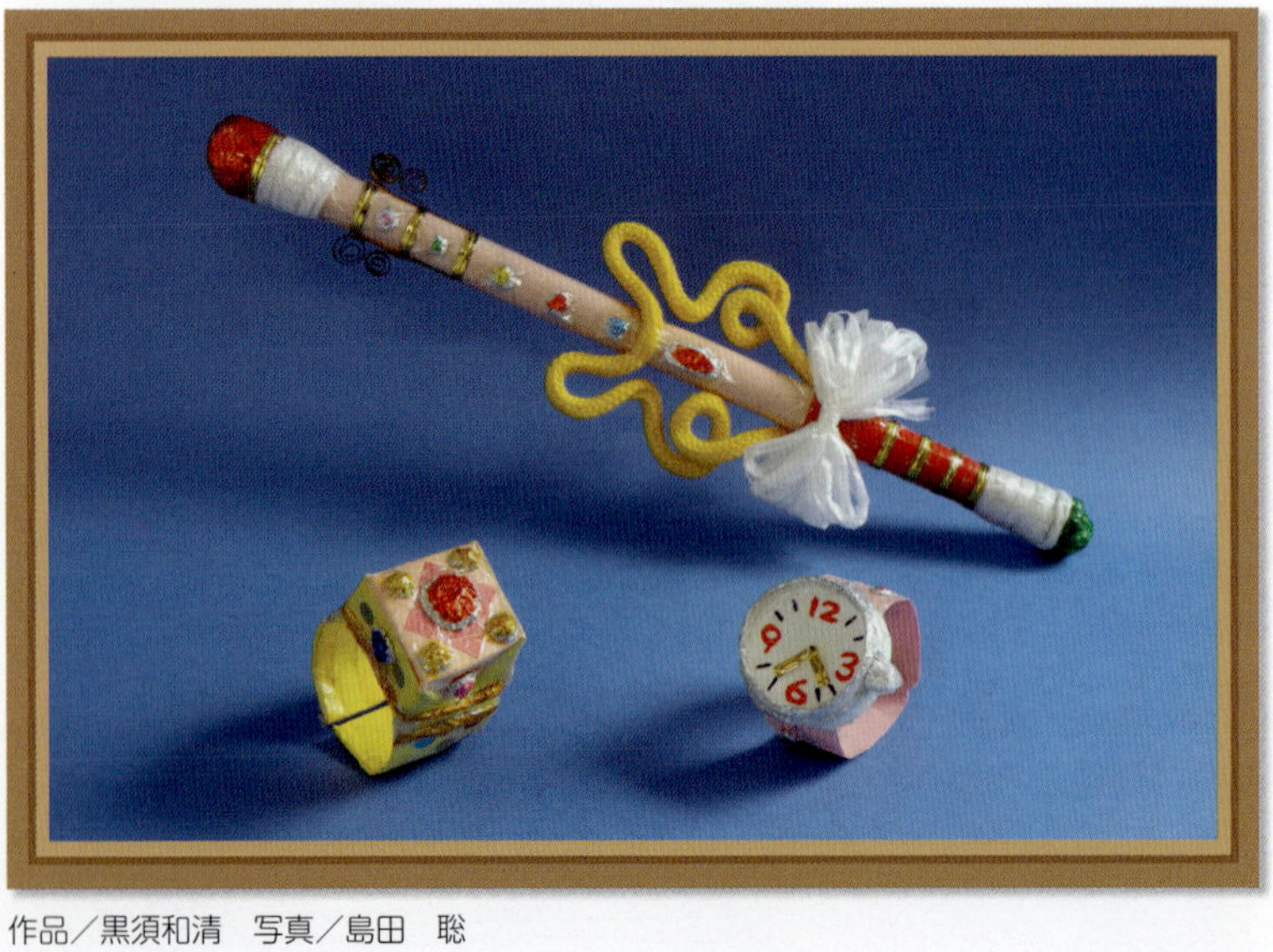

作品／黒須和清　写真／島田　聡

まず、作品の作り方の説明の前に、セロハンテープの使い方のポイントを教えよう。
はったあとは、必ず爪でしっかりこすること。今の子どもたちは、スイッチでも何でも軽く触るだけでいいし、お菓子の箱や袋なんかも楽に開けられる時代に暮らしているから、指先に力を入れることが苦手なんだ。だから必ずはったあと「ゴシゴシタイム〜」といって爪でこすることを教えるといい。そうすれば、セロハンテープはしっかりついて、丈夫な作品ができるんだよ。

「ゴシゴシタイム〜」は子どもたちもイメージしやすいし、夢中になってやりそうですね！

さて、前回くっつける物のどちらかが「ツルツル」だったら両面テープでつけると教えたけど、では、セロハンテープはどういうときに使えばいいと思う？

うーん。やっぱりどちらかが「ツルツル」のときよね。

両面テープでもセロハンテープでも、どちらを使ってもいいんじゃないですか？

いや、じつはセロハンテープでなくてはできないことがあるんだ。写真のブレスレットや魔法のつえを見てごらん。この飾りの宝石は何で作ってあると思う？

アルミホイルを小さく丸めて粒にしていますね。

それを両面テープでつけるとどうだろうか？

小さいからテープを小さく切ってはるのがたいへん！

それにすぐにボロっととれそうですね。

そういうこと！小さい物はくっつく面も小さいからとれやすい。だからこんなときはセロハンテープがいいんだ。上から包むように押さえ込めるから、しっかりつけることができるんだよ。
このブレスレットは小さく丸めたアルミホイルをセロハンテープで押さえてはって、ついでに全部をセロハンテープで包んだんだ。

そうしたら画用紙でできていたものがピカピカになってプラスチックみたいに見えるし、セロハンテープの上からカラーサインペンで色をつけると、透明のインクにアルミホイルのキラキラが透けて宝石みたいな輝きになって、ますますゴージャス感がアップするよ。

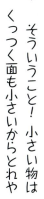

画用紙とアルミホイルでできているとは思えない〝ピカピカグッズ〟ですね。

それから針金のような細い物をはるときも、もちろんセロハンテープ。両面テープでは、はれないよね。細く切った色画用紙のオビの真ん中に針金をはると、面白い形が作れる。大きなモールができるよ。バネのように巻いた形を作って転がしてあそんだり、ねじった不思議な形のまま飾ったりできるから楽しいよ。

もちろんはったあと、「ゴシゴシタイム」を忘れないこと。セロハンテープは物と物をつなぐためだけではなく、ピカピカにコーティングしたり、細い物や小さい物をしっかり押さえ込んで固めるためにも使える。それを活かして楽しい工作のアイデアを考えてみてください。

①
色画用紙でベルトをつける
紙コップの底
時計全部をコーティングするようにセロハンテープですっぽり包み込む
②アルミホイルで飾りを作り
セロハンテープで押さえ込むようにはっていく
モールをこんな風に曲げて後ろから通すと動く針ができるよ
③セロハンテープののりの面を外側にしてベルトの端にはる
何度もつけたりとったりできるよ

セロハンテープの使い方は動画で見られます

※動画共有サイト YouTube のページに接続します。

腕時計も全体にセロハンテープをはって仕上げたよ。

保育士さんの「やってみました！」

紙コップで腕時計

《作り方》

・紙コップの底の部分を文字盤に、側面をベルトの形にそれぞれ切り取る。
・ベルトと文字盤をはり合わせて、ベルトにセロハンテープを巻きつける。
・ベルトの装飾用に、小さく丸めて作ったアルミホイルや、小さな星形の飾りをセロハンテープで押さえてしっかりはり、その上から油性カラーサインペンで色を塗る。
・腕に巻きつけられるように、ベルトの一方の端に両面テープをはる。

紙コップで腕時計を作りました。紙コップの側面は丸みを帯びているので、ベルトに使うことで腕にもつけやすい仕上がりになりました。ベルトの形を変えたり、好きな飾りをつけることで**自分だけのオリジナル腕時計ができあがります**。時計の針も動くので、時計に興味をもち始めた頃に製作すると、盛り上がると思います。

アルミホイルを丸めた物を飾りに使う場合は、隙間ができないようにセロハンテープをはりつけていかないと、きれいな仕上がりになりませんでした。よくこすってはりつけることがポイントです。

キラキラマイク

《作り方》

・広告用紙を丸め、マイクの持ち手とヘッドの部分を作り、セロハンテープでつなげる。
・クシャクシャにしたアルミホイルを全体に巻く。
・色画用紙やモールなどで飾りつけをし、セロハンテープをはって固定する。
・油性カラーサインペンで色を塗り、完成。

アルミホイルをメインに製作を行いました。アルミホイルはクシャクシャにするとさらに光沢が増してきれいに見えることや、セロハンテープをはることでもっと光沢が出せることを知り、その性質を活かしてマイクを作成しました。マイクにセロハンテープをはるときに気をつけることは、はるたびに爪でこすり、なるべく空気が入らないようにすることです。はる面が平面ではないので、しっかりと押さえることがポイントです。

完成したマイクを使って、子どもたちにインタビューをしたり、話をするときに使用したりすると、**キラキラと光るマイクに子どもたちも嬉しそうな表情**を浮かべていました。

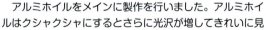

教えて！工作マエストロ

第7回

誕生会や発表会のステージで使う大道具、しっかり作るにはベニヤ板や角材で作るのがいいかしら……と思っているあなた！　じつは最良の材料があります。それはダンボール！

ダンボールの性質をしっかり知って大道具や玩具作りに挑戦してみましょう。カッターナイフの正しい使い方も教えます。

ダンボールを使いこなそう！

今度の発表会の劇で、背景作りがあるよね。

丈夫に作るには、ベニヤ板と角材で作るのがいいのかな？

やぁ。こんにちは。もうすぐ発表会で劇をやると聞いて、役立つ情報をもってきたよ。

わぁ〜〜何ですか？

ダンボールを使った大道具の作り方。角材や板などを使わなくてもいいんだ。作りやすく丈夫にできて、しかも廃棄も簡単な、三拍子そろったいい素材だよ。

ダンボールの切り口はこんなふうになっているのは知っているね。波状の紙を両側から二枚の紙ではさんでいるので、長い筒を並べたような構造なんだよ。筒は丈夫だから曲げようとしてもなかなか折れない。だからこの筒を立てる方向（通称：たて筋）で使うと丈夫な背景ができるんだ。

逆に横にはすぐ折れますよね。

そう、筒をまっすぐに並べているわけだからまっすぐな線で折れるよね。この性質を活かして、背景は屏風型に作るといいよ。平らな板を立てるのはむずかしいけれど屏風型ならそのまま立つからね。

方向性を活かすわけですね。

そう、それから二枚

のダンボールを筒の方向が直角になるようにはり合わせると、方向性はなくなってどちらにも折れにくくなる。折れては困るような、手に持って動かす小道具なんかはこうするといいね。
　さて、ダンボールを切るときに使う道具は？　……はさみではないよね。

カッターナイフです。

正解！　では、カッターナイフはどうやって使う道具？

はい。切れ味が悪くなったら、刃をポキポキ折って、新しい刃にして使います。

そう。カッターナイフは包丁やナイフと違って、研ぎ直しできない弱い刃だと思ったほうがいい。すぐ欠けてしまうんだ。だから刃を折って使っていくように作られている。ちょっとでも切れ味が悪くなったら、どんどん折って新しい刃にしていくこと。これが、きれいに切る第一のポイントなんだよ。

そうか……もったいない気がしてあまり変えないでいました。

それからカッターナイフって、使ったあと刃をはずしてしまっておいたりはしないよね。

はい、刃は引っこめるけど、そのまましまっておきます。

カッターナイフって、たまにしか使わないから結構古い刃だったりしますよね。

次に使うときはそのまま使うのかな？

はい。古くても、長い刃だったりするとまだ使えるので。

いや……ケースから一度出した刃は、空気中の水分でどんどんさびてくると思ったほうがいい。とくに薄い刃の先は、真っ先にさびてザラザラに。こんな刃できれいに切れるわけがないよ。たとえ長い刃が入っていても、長く使っていないときには、全部新しい刃と取り換えること。これが、きれいに切れる第二のポイントだよ。

そうか。だからカッターの替え刃ってたくさんついているわけね。

簡単に刃が折れて、そのまま安全に収納できる刃折り用のケースもあるから、それを用意してどんどん折って使っていこう！　節約は大事だけど、カッターの刃に関しては〝もったいない〟は考えないほうがいいんだ。

わかりました。

ダンボールは厚みがあり、切るときに力を入れるから手が痛くなってしまいます。

大きい物は床に置いて切るから、深く切り過ぎて床を傷つけたり、刃の先もすぐ欠けてしまうしね。

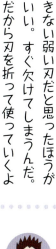

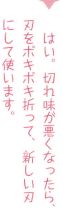

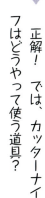

大事なことは〝一度で切ろうと思うな！〟ということ。どんな厚い紙でも、軽い力で何回もなぞっていれば必ず切れるわけだから。私の秘伝の切り方を教えてあげよう。名づけて「空中切り」（＊左記参照）。
じつは、丈夫なダンボールだけど欠点があるんだ……。

何ですか？

水性絵の具でダンボールにじかに着色すると、塗ったときは何でもないけれど、乾くときにものすごく縮むんだ。だからぐーっとそりかえってしまう。もとに戻そうとしても無理。折れ曲がって台無しになってしまうよ。つまりダンボールには、じかに水性絵の具を塗らないこと。模造紙など別の紙に塗った物や、カラーのラシャ紙をあとではりつける方法がいいよ。もちろん木工用ボンドや、のりにも水分があるから注意。紙のまわりだけに細く塗ってはること。こうやって作れば、もし廃棄するときも紙だけはがして素材に戻せるから、リサイクルに回せるよ。

ダンボールって、とても使えそうな気がしてきました。

さてダンボールは大きい物もいいけれど、玩具の素材にも使えるよ。波型の切り口の厚みに木工用ボンドをつけて壁や障害物を立てて作る、迷路ゲームはいかが？
木工用ボンドの水分をすぐ吸ってくれるので、壁はすぐくっついて立つ。欠点だった、水分をよく吸う性質が長所になるんだ。ビー玉などを転がしてあそんでみてね。

わぁ〜面白そうですね！

＊空中切り

最初は変えたばかりの刃の先で線を軽くなぞって、厚みの半分くらいまで切り筋を入れる。

次にダンボールを床から少し持ち上げてカッターナイフの刃を長く出して刃の根元のほうを当てて、ノコギリのようにゴシゴシ引いていく。ダンボールに対して垂直ではなく、角度はかなり低めに。
引くときに力を入れるとスイスイと切れていくよ。これなら床も傷つかないし刃先も欠けない。まわりを確認して刃の向こう側に人がいたりすることのないよう、安全に注意してね。私は慣れているので2回めぐらいで切れるけど、基本は何回もこすって最後の1回でゴシゴシするということ。曲線も同じように切れるけど、急ぐとカーブで刃が折れることもあるので落ち着いてゆっくりやってみよう。

包丁と同じように刃は長くして使うことがコツなんですね。

空中切りのようすは動画で見られます

※動画共有サイト YouTube のページに接続します。

作品／黒須和清　写真／島田　聡

保育士さんの「やってみました！」

ボール転がし

ダンボールでボール転がしゲームを作ってみました。ダンボールの性質を利用したことで丈夫にできあがりました。木工用ボンドを使用したのですぐに接着でき、実際にボールを転がしながら作っていくことができました。**秋の食べ物を収穫していくイメージで作りました。**ビー玉だと欠けてしまったり乳児が口に入れてしまったりするので、ビー玉より大きい木のボールを使ってみました。1歳高月齢児はでこぼこ道や坂などで最初は苦戦しているようすでしたが、保育士が一緒に手を添えて行ってみると、ひとりでもボールに勢いをつけて渡らせることができていました。

コリントゲーム「ぶどう狩り」

「コリントゲーム」をダンボールで作成しました。繊維の向きに留意しダンボールを切り、お菓子などの空箱に木工用ボンドではりつけていきます。「コリントゲーム」は箱を動かしながらビー玉を転がすので、しっかり固定することが大切です。木工用ボンドは乾きが早いためスムーズに作業も進み、とても簡単で丈夫な「コリントゲーム」ができあがりました。**画用紙やモールなどでトンネルやでこぼこ道を作り、より面白くあそべる仕かけ作りをしました。**用途に応じて使い方を工夫することでさまざまな場面に活用でき、見た目もきれいに仕上げることができるので、音楽会やお遊戯会など園行事の背景や大道具、小道具などを作る際にも、素材の性質をしっかり見極め、取り入れていこうと思いました。

教えて！工作マエストロ

第8回

みんなが楽しみにしているクリスマスに簡単に作れる「飛び出すカード」の紹介です。紙の性質を理解することで、仕上がりがグーンとアップしますよ！

子どもたちも何が出てくるのかなぁとカードを開ける瞬間は、ドキドキ・ワクワク感でいっぱいになることでしょう。子どもたちと一緒に作っても楽しいですね！

オリジナル「飛び出すカード」に挑戦してみよう！

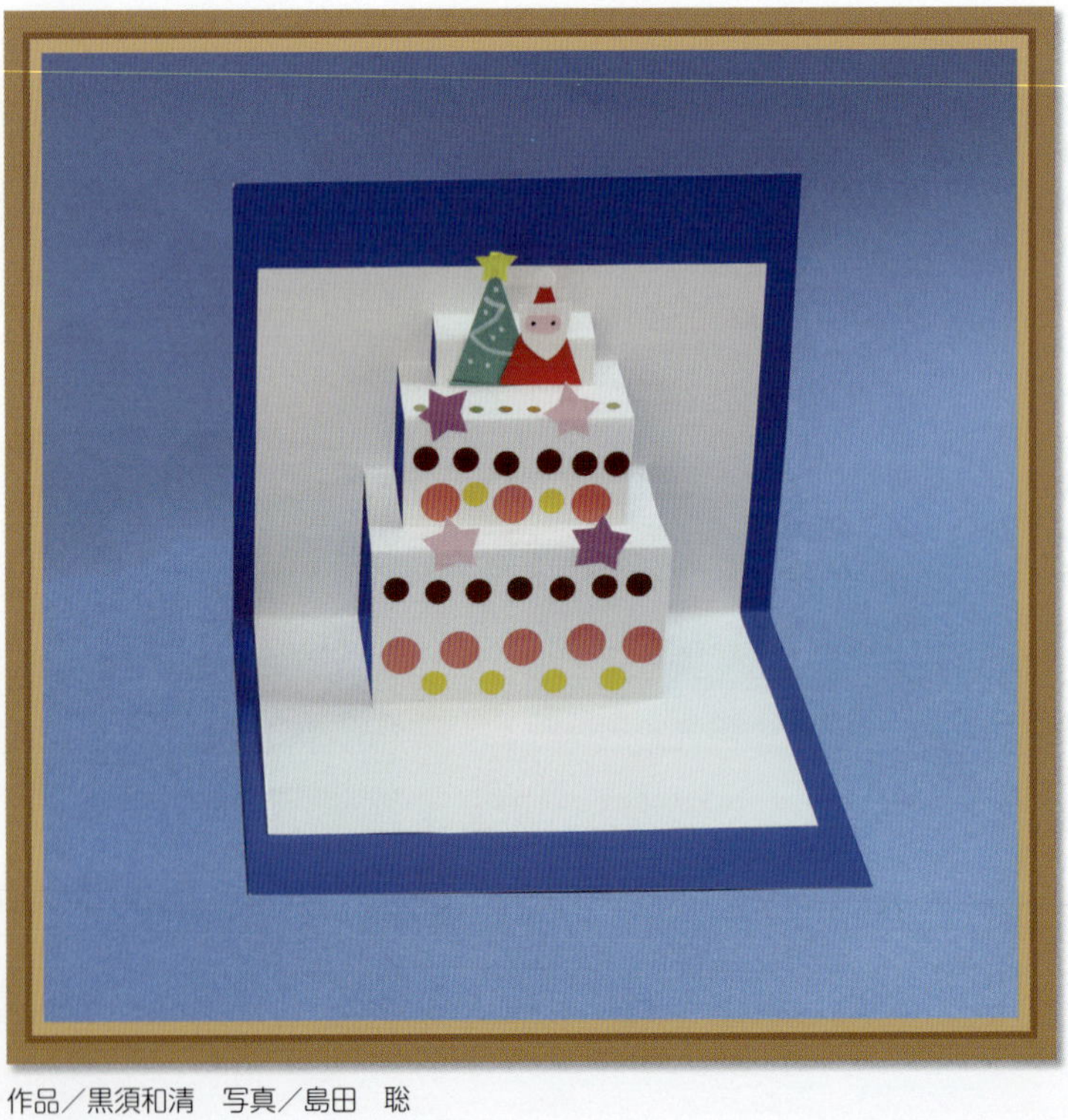

作品／黒須和清　写真／島田　聡

もうすぐクリスマスだね。いろいろなカードが売られているけど、子どもたちに楽しんでもらえるようなカードを作ってみたいな。

そうだね。市販品にはないような、その子に合った物も作れるよね。

あっ！ マエストロ！ こんにちは。

こんにちは。確かにいろんなカードが出ているけど、コツを覚えれば市販品にも負けないくらいのオリジナルカードが作れるよ。クリスマスのときだけでなく、いろいろな行事に使えるよ。

わぁ〝飛び出すカード〟!かわいいですね。

まず紙には、きれいに折れる向きがあるのを知っているかな?

きれいに折れる向き?

そう、紙を立てて両側の端を両手のひらではさんで軽く内側へ押してごらん。
今度は紙を九〇度回して同じようにする。ふにゃっと曲がる感じと突っぱる感じ、手のひらの抵抗感が違うはずだよ。

あっ、本当だ!

たいていの紙は繊維が同じ向きにそろっている。のり巻きを作る、巻きすと同じような物だと思えばいいよ。

ダンボールにも似ていますね。

そうだね。だからカード作りなどでは折り線をきれいに折れる方向に合わせて紙取りをすると上手にできるんだ。筒や箱を作るときも繊維の方向は常にチェック!

わかりました!

紙の性質がわかったところで、簡単にできる「飛び出すカード」を作ってみよう。

作り方

①画用紙をふたつに折って、折った側から2本の切り込みを平行に入れる。

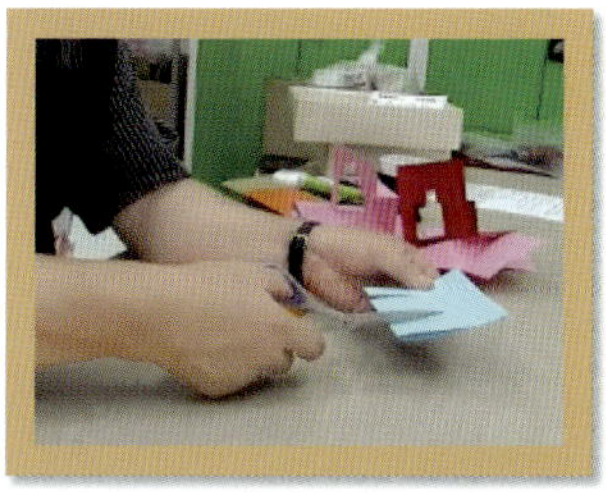

②中の部分を折る。

③全体を広げて真ん中を押し出すと箱型が飛び出る。

次のページにつづくよ!

④全体を閉じて、今度は箱型のふちをつまんで同じこと（①〜③）をすると2段の箱型になるよ！

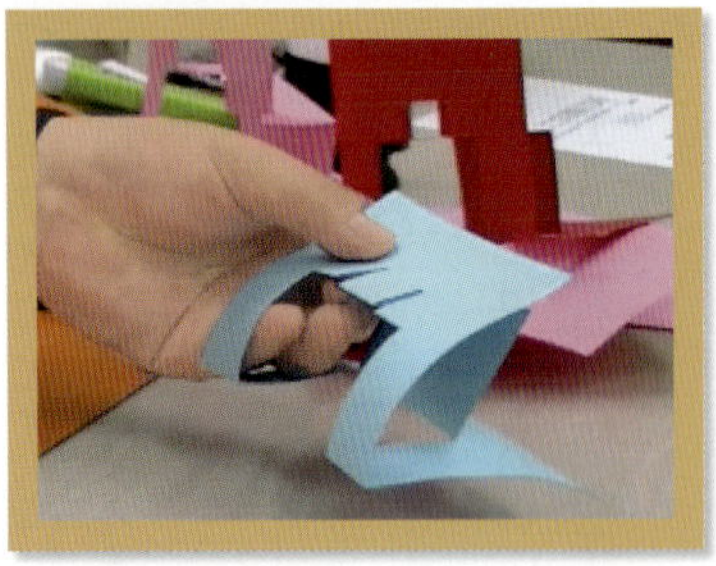

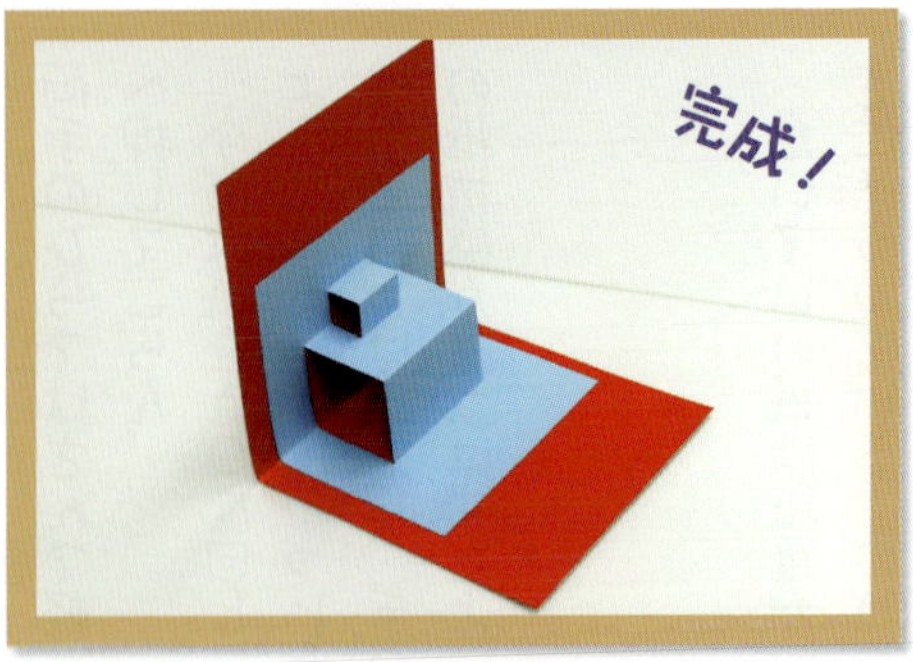

飛び出す部分を画用紙で作ったら、台紙はそれより厚いケント紙やカラー工作用紙などにするといいよ。

同じ画用紙ではだめなのですか？

そう、台紙は厚紙のほうが開いたときにピンと中の紙を引っぱってくれるから、よく立ち上がるんだ。

今回は箱型がせりだす形なのであまり関係ないけど、開いたときに立ち上がる形の物には大事なことなんだよ。立ち上がる形の「飛び出すカード」の作り方はまたいつか詳しく教えるよ。

わぁ、楽しみです！

「飛び出すカード」の作り方は動画で紹介しています。ぜひアクセスしてみてください。

※動画共有サイト YouTube のページに接続します。

どちらの形でも台紙には両端だけしかはってはいけないというルールは忘れずに。とてもうまくできたので仕上げをしっかりしようと裏側全面にのりを塗ってしまったらそこでアウト！　畳んだ途端に中身がしわだらけに……。傑作が台無しになってしまうよ。

えーっ、最後にそんなことになったらショック！

お店で売られている「飛び出すカード」を見てごらん。全部両端しかはっていないんだ。そしてこれらは開いても真っ平らにはならない。下に必ず三角形のすきまができている。でもこれが「飛び出すカード」の正しい形なんだ。

わかりました！　いろいろアレンジしてみます！

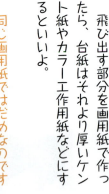

保育士さんの「やってみました！」

クリスマスカード

クリスマスカードを作りました。切り込みの長さを変えてより立体感を出してみました。切り込みの長さを変えることだけで奥行を作ることができました。

月やサンタクロースの部分には、紙を折り合わせて作った紙バネを後ろにつけて飛び出すように製作してみました。

失敗してしまった点は、切り込みを深く入れすぎたり、装飾部分が大きすぎたために、カードを折り畳んだ際に装飾部分がカードの外にはみ出してしまった点です。装飾物をつける際に折り畳みながら調節していけばよかったと思いました。

あわてんぼうのサンタクロース

画用紙でクリスマスカードを製作しました。画用紙をふたつに折り、はさみで切り込みを入れると、開いたときに飛び出す仕かけが簡単にできました。

テーマは「あわてんぼうのサンタクロース」で、幼い子どもにもなじみのあるサンタクロースがプレゼントを運ぶ姿を作りました。**飛び出す仕かけを３段作り、それぞれにプレゼントをはることで重なっているように見えます。**

子どもたちに見せると、「あっプレゼント落ちてるよ！」「おっとっと～！」というかわいい反応が見られました。違う色の台紙をはる際は、両端に両面テープをはり、折る位置をしっかり合わせてからはり合わせました。

教えて！工作マエストロ

第9回

紙を使った簡単な箱の作り方を紹介します。

展開図なんて必要ない！　はって折るだけ！　積み木や車、おままごとセットなど子どもたちが大好きな玩具に展開します。畳んでしまえるのも魅力的！

箱を使って簡単玩具作り！

きょうは紙で箱を作るんだって。何だかむずかしそう。

定規を使って展開図を描くのかな？

やぁ、こんにちは。前回に引き続き、紙を使った作品作りだよ。

よろしくお願いします。

まずはおさらい。紙を使って工作するときにまずチェックすることとは？

え〜っと、紙がくにゃっと折れる方向を確認することですね。

そう。どんな種類の紙にもきれいに折れる方向があるんだったよね。その方向で折れるように紙取りをしてください。

はい。わかりました！

左上の写真のようにはって折ると箱……。じつは四角い筒なんだけど、これが十分、箱として使えるんだ。たくさん積んでいくと積み木になるよね。

これなら、万が一あそんでいる途中で倒れても危なくないですね。

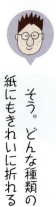

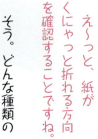

簡単な箱の作り方

①ボール紙を裏面にし、片方の隅に両面テープをはる。

②両面テープの部分に反対側の端をはってふたつに折る。

③さらにふたつに折る。

④③を開くと完成。

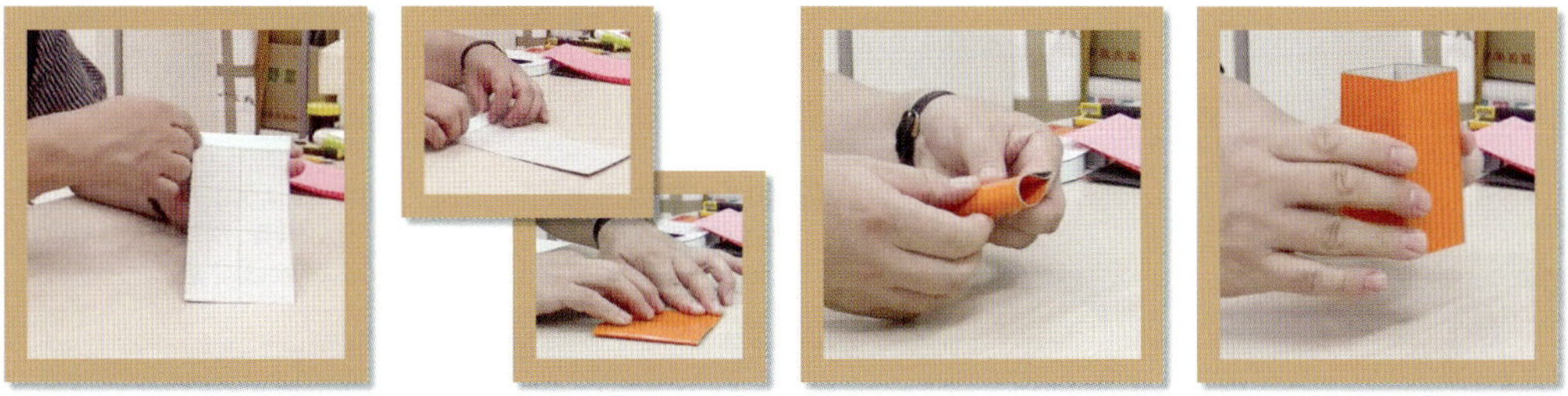

画用紙だと横向きにたくさん積むとつぶれてしまうから、ボール紙で作るといいね。

今は完成度の高い玩具がたくさんあるけど、子どもたちが積み木を使って〝ブッブー〟と車に見立てあそぶ。このことが想像力を豊かにしていくことにつながるんだ。

そうですね。大事にしなくてはいけないですね。

そこで、紙の箱で車を作ってみたよ。

わぁ〜、消防車や電車なんかも作れますね！

車の屋根の部分はどうやって作っているんですか？

これは写真のように屋根の幅の紙を上にアーチ型にはるだけ。屋根が丸いのもかわいいけどそのまま押さえてつぶして、また反対側につぶすと屋根が四角い形になる。

こうすると便利なことがひとつあるよ。

何ですか？

車がつぶせる。つまり折り畳んでしまえるってことだよ。

なるほど！ あそび終わったら封筒などにしまっておけばいいんですね！

乗り物だけじゃなく、ビルや家も作れるから街づくりに展開しても面白そう！

平らな箱の作り方

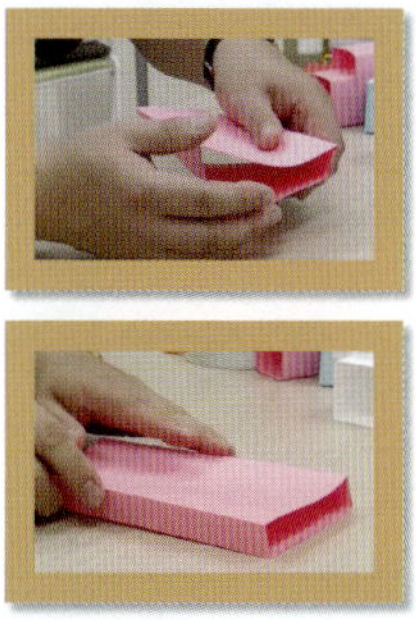

※上図の「簡単な箱の作り方」③のふたつ折りをしないで、たんすの幅を決めてその折線で押さえてつぶす。

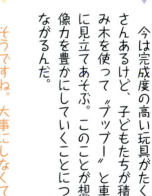

屋根の作り方

①屋根の幅を決めて切る。

②箱の側面に木工用ボンドではる。

③屋根の高さを決めて、紙を切り木工用ボンドではる。

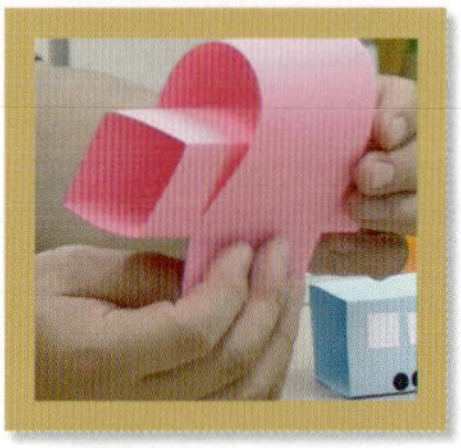

④写真のように一度折り畳んで、元に戻し、反対側に折って広げれば完成。

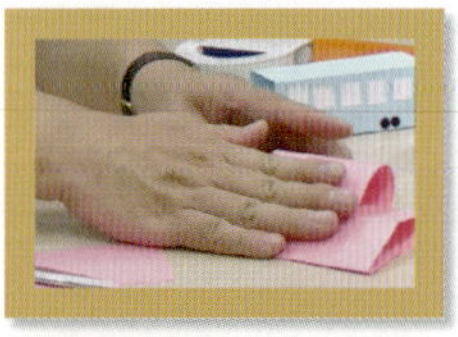

※動画では車の作り方を紹介しています。ぜひアクセスしてみてください。

※動画共有サイトYouTube のページに接続します。

そうだね。応用で部屋の家具も作ってみたよ。たんすやベッドなど平らな箱は右下の写真のように作るといいよ。
このお部屋セットも畳んでしまえるね。四角い筒が箱として使えるということ。ぜひ試してみてください。

はい。子どもたちと一緒に作ってみます！

作品／黒須和清　写真／島田　聡

保育士さんの「やってみました！」

折り畳める車

画用紙を使って折り畳める車を製作しました。土台の正方形や長方形はとても簡単に作ることができました。上にはりつけた屋根やはしごの高さやバランスを調節することが少しむずかしかったです。

実際に１歳児クラスであそんでみました。**折り畳めるので収納や持ち運びがとても便利でした。**投げたり間違って踏んでしまっても画用紙なので安全です。何度か使っていくうちに画用紙がふにゃふにゃになってしまいました。ボール紙などの丈夫な紙で作ればよかったと思いました。

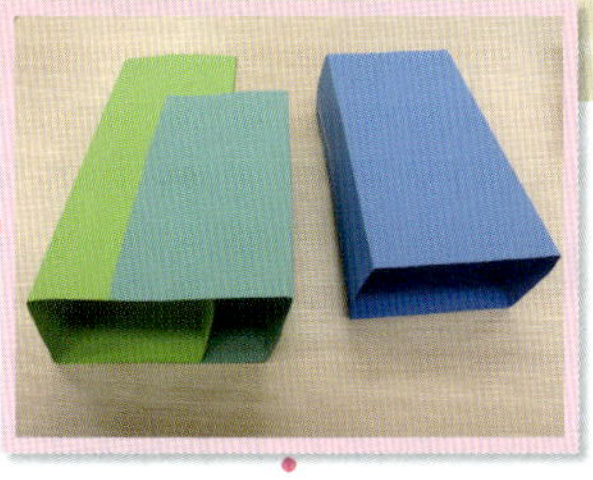

ボール紙でカラフル積み木

材料は画用紙よりしっかりとした素材のボール紙を使用しました。紙だけど、重ねて置いてもつぶれないという丈夫なボール紙の素材を活かして、積み木を製作しました。

まず、ボール紙を長方形に切ります。一番大きい積み木は 12cm × 26cm、中くらいの積み木は 12cm × 20cm、一番小さい積み木は 6cm × 18cm に切りました。切ったボール紙を教えていただいた作り方で作り、大小さまざまな大きさの積み木ができあがりました。見た目も楽しくなるよう、シールで装飾しました。

うまく重ねられるようにするには、大きいサイズにすること、高さをそろえること、折り目をしっかり合わせ、ていねいに折ることがポイントです。素材が紙で折り畳むことができるので、持ち運びが楽で、収納がかさばらないという利点もあります。倒れて当たっても痛くないので、乳児・幼児共に楽しくあそべる積み木です。

工作作りに何かと便利な牛乳パック。箱の形を利用したり、防水加工されていることから、小物入れなどを作る機会も多いのでは？
そこで、牛乳パックを使った、簡単にできて上下左右にいろいろな動きを楽しめる玩具作りに挑戦します！

教えて！工作マエストロ

第10回

上下左右、自由自在！ 牛乳パックの玩具

ボール紙やダンボールなど、いろいろな紙を使った玩具を作ってきたけど、牛乳パックも普段の作品作りでは欠かせない材料のひとつだよね。

そうだよね。箱の形を利用して、ペン立てを作ったり、防水加工されているから、花びんを作ってみたり。でも、ほかにも何か作れそうだよね。

そう。それで、マエストロにこの前お願いしてみたの。きょうは作品を持ってきてくれるみたい。
あっ、マエストロ！

こんにちは。きょうは牛乳パックの玩具だったね。本題に入る前に、皆さんは普段牛乳パックを使って、どんな作品を作っているかな？

ペン立てや小物入れ、花びんなんかも作ったりします。

牛乳パックは画用紙よりも厚く、ボール紙よりは薄いので、ちょうど切りやすい厚さなんだ。弾力もあるので玩具工作に向いているよ。作るときにちょっと困ったことはないかな？

うーん。ツルツルしているので、木工用ボンドやのりではったら、乾いたあとではがれてしまいました。

書かれている文字を隠そうと思っても、絵の具がはじかれてしまうしね。

作品／黒須和清　写真／島田　聡

そうだね。防水加工されていることが逆に欠点になってしまうね。
接着は両面テープかセロハンテープ。着色は色の紙をテープではるのがいいだろうね。カラーガムテープやビニールテープ、シールなどを利用してもいいし、全部文字を隠そうと思わなくてもいいんだよ。見た目じゃなくて、要は楽しく動けばそれが一番！

そうですね。

さて、というわけできょうは牛乳パックで動く玩具を作ってみたよ。

入れ物ではないいんですね。

わぁ～　面白そう！

1ℓの牛乳パックを輪切りにした物を使った、動きのある玩具。基本の動く仕組みをまず見てみよう。

前ページの写真のサッカーの玩具は牛乳パックをふたつつなげてあって、間に立てたボールも左右に大きく動いて面白いですね。

そう。おばけはそろってスイングするし、くまは両手を交互に上げ下げするよ。同じように動かしても、パーツをつける場所によっていろんな違う動きが生まれるんだ。実際につけて動かしながら工夫してみようね。

[基本の動く仕組みの作り方]

①輪切りにした牛乳パックを絵のように持ち、つぶします。

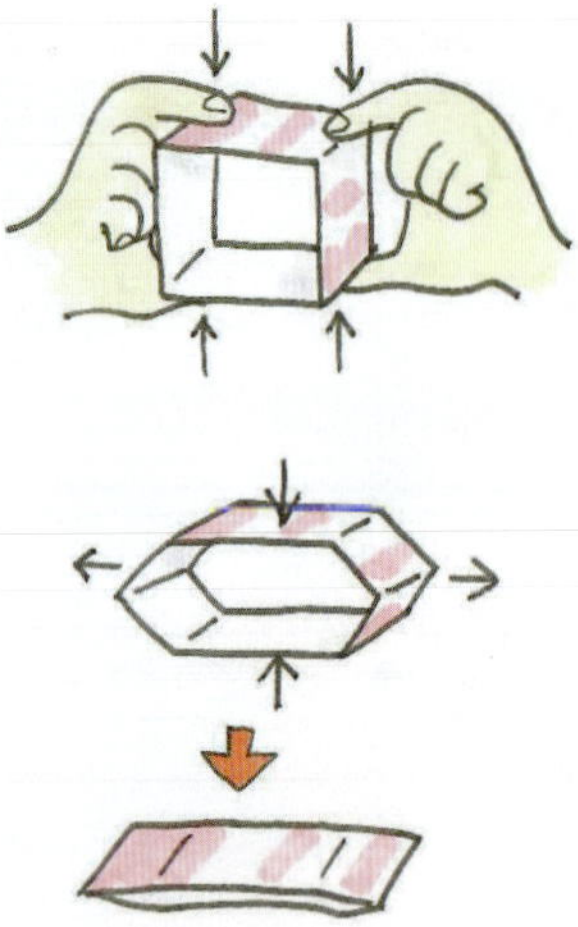

②上と下を持って左右にずらすと

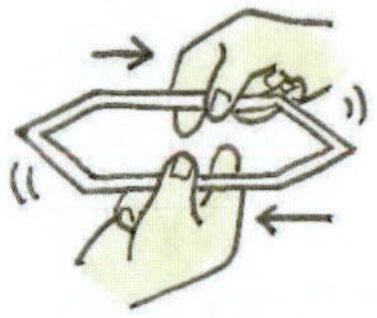

③長方形になります。

④両面テープで両端に割りばしをはります。

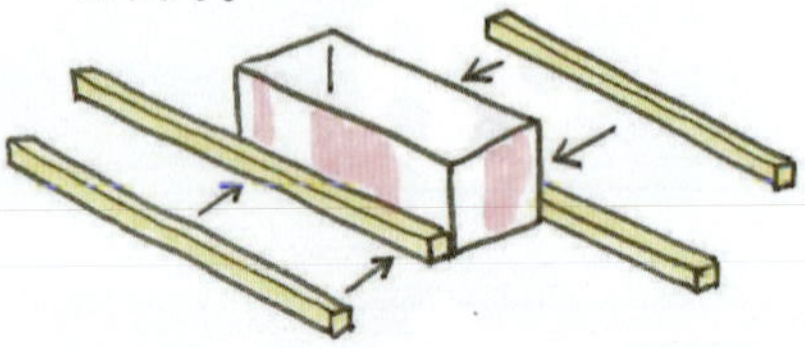

⑤四すみを切って、開いてのりしろを作るとわかりやすいです。

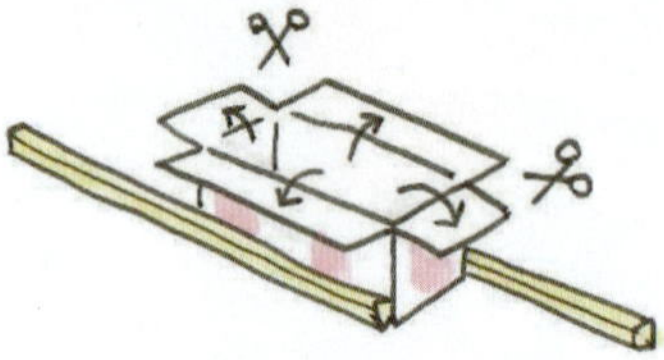

動く仕組みの作り方は動画で見られます

※動画共有サイト YouTube のページに接続します。

のりしろにいろいろなパーツをつけて
左右に動かすとそろってスイング！

保育士さんの「やってみました！」

うんとこしょっ！　どっこいしょっ！

『おおきなかぶ』の物語をテーマに作りました。画用紙で作った人形をラミネートして、人形同士をつけたり離したりできるようにしてみました。**牛乳パックの内側もツルツルしているので、はったりはがしたりする作業を繰り返し行うことができます。**

ストーリーに合わせて次つぎと人形を登場させ、はっていくことで、かぶを抜く動きが表現できました。今回は1ℓの牛乳パックひとつ分を使用し製作しましたが、いくつかつなげて大きい作品を製作するのも面白いなと思いました。

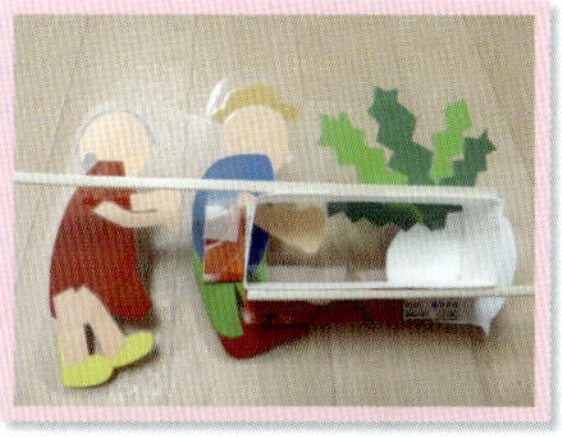

誕生日おめでとう

普段保育でも活用している牛乳パックを使用した仕かけ玩具を製作しました。私はぶたさんの手が縦に動く仕かけを利用し、誕生日などにお祝いできる玩具にしました。

画用紙でぶたさんやケーキを作り、ラミネートして丈夫にしました。**画用紙で製作する際に気をつけたことは、牛乳パックの幅を確認しながら、はりつける物を牛乳パックより大きくし、牛乳パックが見えないようにすること**です。

また、ぶたさんの手だけ動くようにするため、からだと手のパーツをくっつけないように、別べつにはるように気をつけました。ぶたさんの手に持たせる物をいろいろ変えて、どんな場面でも楽しめるよう工夫しました。

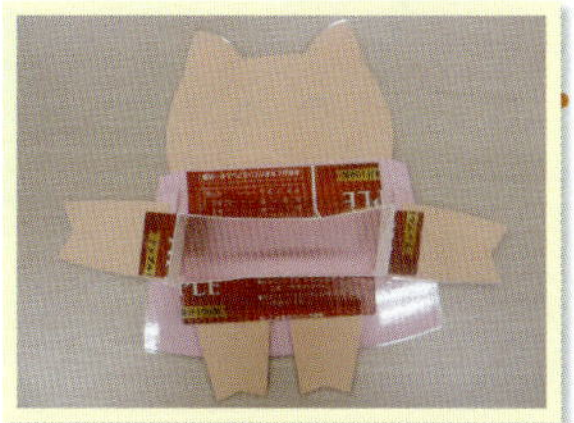

教えて！工作マエストロ

第11回

紙のオビを使って、動きのある玩具を作ってみました。簡単にできるのですが、意外な動きが面白い！ 子どもたちと一緒に作って歌に合わせてダンスをしたりしてあそんでみましょう。くねくね動くお魚も登場します。

紙のオビで動くからくり玩具

見て！ この前飾りつけで使ったときに残った紙のオビ。これで何か作れないかな……。

う〜ん。ふたつに折ってみる？ あまりいいアイデアが浮かんでこないね……。

やあ、こんにちは。何を作ろうとしているのかな？

こんにちは。紙のオビがたくさん残っていて、これで何か作れないかと考えていたところなんです。

なるほど。では、きょうは紙のオビを使って動く玩具を一緒に作ってみよう。まず二本の紙のオビを上のほうだけはってごらん。両手でオビの端をつまんで上下させるとどうなる？

あっ、はったところが左右に動きますね！

作品／黒須和清　写真／島田　聡

そう、上下に動かしたのに左右に動く。動く方向が変わるからこれはからくり玩具なんだ。顔と葉っぱをつけてお花が揺れて踊る玩具にしたよ。下に割りばしをつけて、それを動かすと足でステップを踏んでダンスをしているみたいだよね。

上にあるお魚は、どういう風に動くんですか？

これはね、二本の紙のオビの両端をはるんだよ。真ん中をつまんでずらすように動かすと……。

あっ、上と下が反対方向にくねくね動きますね。

その動きを活かして元気なお魚にしたんだ。

わぁ〜、面白い。くねくねヘビもできますね。

オビの間をロウソクでこすっておくと、すべってとてもよく動くよ。でも、ロウを塗り過ぎると体温で溶けてすべりが悪くなるから、ほどほどにね。

折った紙のオビをはり合わせると、ぱくぱく口が開くワニもできるよ。
紙のオビだけでもいろんな動きの玩具ができるんだ。いろいろな所を折ったりはったりして

動かしながら、新しい動きを生みだしてごらん。

はい。子どもたちといろいろな動きの玩具を作ってみます！

［ワニの作り方］

①紙のオビの3分の1ぐらいの所を折ります。

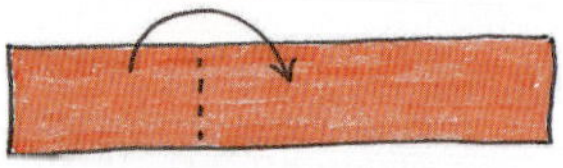

②同じものをふたつ作って図のように合わせ、Aのところを接着します。

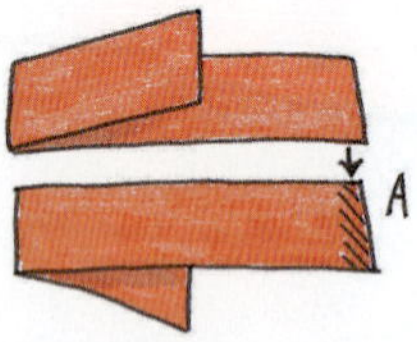

③別の紙のオビをBにはって巻きます。

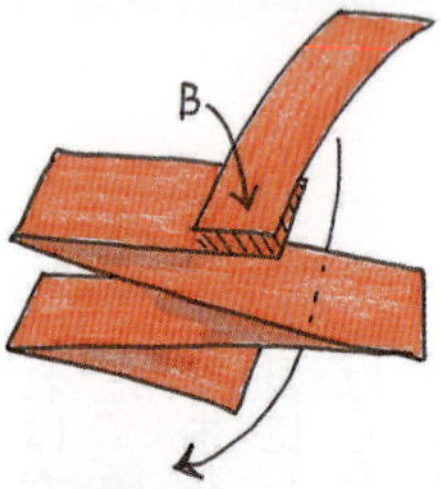

④

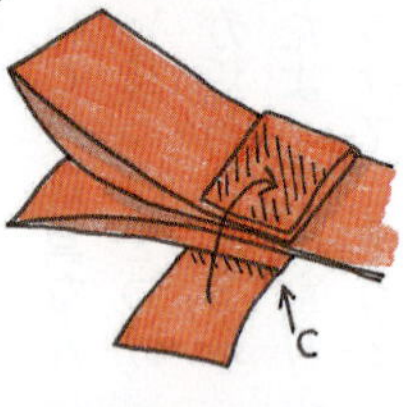

反対側のCもはって巻き終わりを接着します。

⑤巻いた紙のオビを後ろに下げると

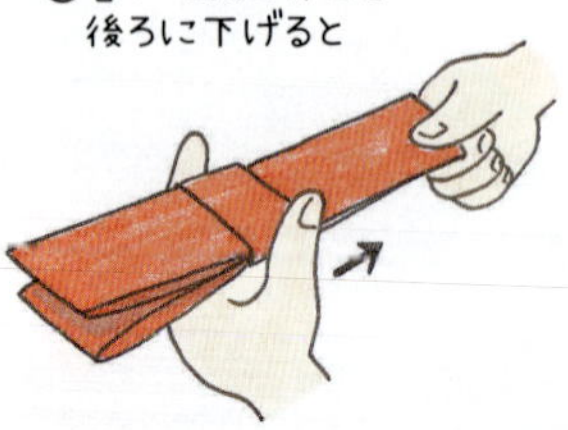

パワッと開きます。

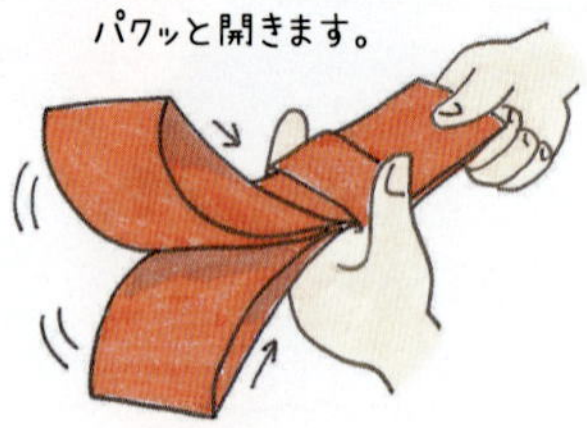

⑥目や歯をはってワニのできあがり！

動く仕組みの作り方は動画で見られます

※動画共有サイト YouTube のページに接続します。

保育士さんの「やってみました！」

おおかみさん

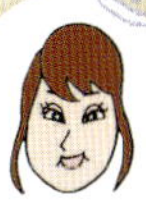

画用紙で簡単にできる仕かけでおおかみを作りました。玩具の部分を動かすと、おおかみの口が大きく開く面白い玩具です。好きな幅、長さに切った画用紙２枚におおかみの歯や舌をはり合せていきます。舌ははりつけず、口を開けると飛び出すように間にはさみました。**２枚の画用紙は、動かす部分と持つ部分をくっつけないようにはっていくことがポイントです。**動かす部分に顔をつけ、しっぽもつけると完成です。

楽しい音楽あそびや手あそび、絵本によくでてくるおおかみは怖いと思われながらも、子どもたちに大人気です。子どもたちに見せると、「キャー！　おおかみさんだ！」と大きく口が開くおおかみに大喜びでした。子どもが喜ぶ楽しい仕かけ玩具なので、ほかの動物も作ってみようと思いました。

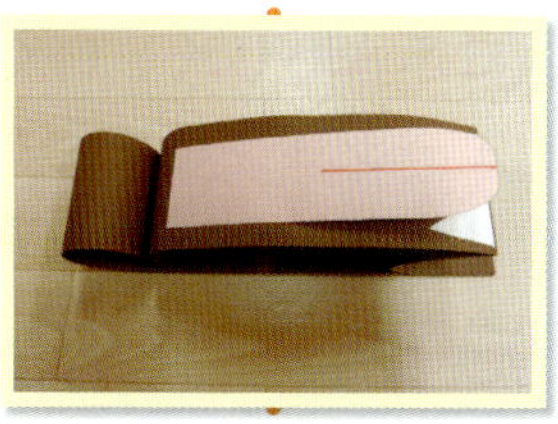

はを　みがきましょう～♪

ワニの口を開き、歯を歯ブラシでみがけるようにしました。**歯みがきに興味をもち始めた年齢にぴったりだと思います。**１歳児高月齢クラスで、実際に歯みがきをする前に「はをみがきましょう」の歌を歌いながら見せました。

ワニの口が開くと「こわい～！」といっていた子どもたちでしたが、歯みがきを始めると「やりたい！」との反応が返ってきました。自分の歯をみがいているときにも「ワニさんといっしょだね！」と楽しんでいました。

口の中に、取り外しができる虫歯菌や食べかすなども作ると面白いと思いました。

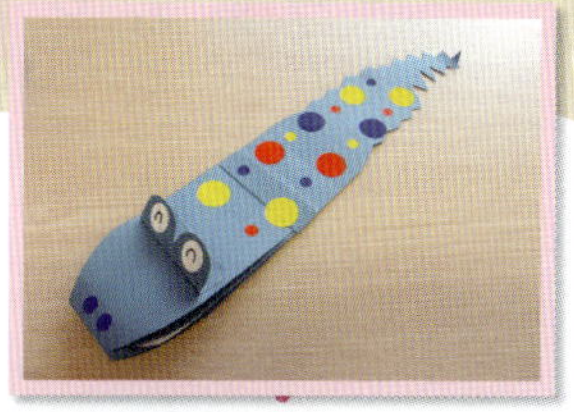

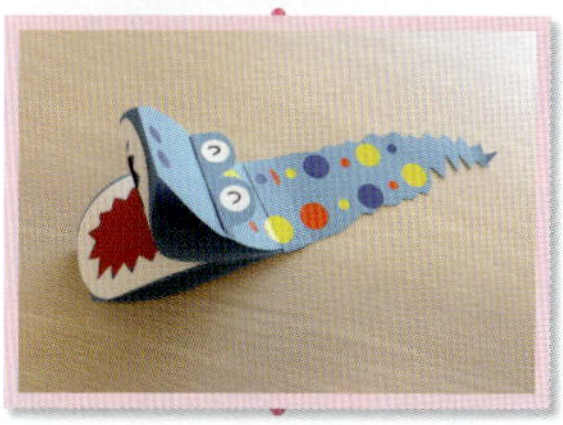

教えて！工作マエストロ

第12回

いろいろな作品作りに使われている紙コップ。重ねて使ったり、底の丸い部分を活かして、さまざまな玩具作りに挑戦してみました。

紙コップはそろった形の立体であること。紙なので工作しやすいこと。安価でどこでも手に入れやすいことなど、子どもたちの工作にふさわしく、いくつかのバリエーションを加えて楽しめるメリットも！ 子どもたちといろいろ考えて楽しんでみましょう！

「紙コップ」で動く玩具を作ってみよう！

マエストロから、はさみやカッターナイフ、のりの使い方など、いろいろなことを教えてもらったね。もうすぐ一年になるね。

そうだね。ダンボールや牛乳パックや紙を使った作品とか、いろいろレパートリーが広がったよね。きょうは紙コップを使った作品作り！ 楽しみだね。

こんにちは。今回は牛乳パックと同様に、工作などによく使われている紙コップがテーマだね。

はい。よろしくお願いします。

紙コップというと、中に豆などを入れたりしてマラカスを作ったりするよね。でもここでは入れ物として使わずに、その形を活かして動く玩具を作ってみたよ。

作品／黒須和清　写真／島田　聡

わぁ〜。かわいい動物や鳥になってる！

紙コップは大きさも同じなので、牛乳パックと同じように使いやすい身近な素材だね。
まず、写真にあるカエルの作り方は下のとおり。みてみよう。

写真のふくろうは紙コップを重ねて作っているのですか？

そう。紙コップ二個だけで大きなパタパタの動きができるんだよ。この作り方は次のページだよ。

タコもありますが、これも動くんですか？

いや。このままでは動かないよ。足の先を下に折り曲げて頭の部分をトントンするとか、あるいはビー玉にかぶせて平らなお盆に乗せて傾けるとスイスイ動くから面白いよ。

[パクパクカエルの作り方]

①紙コップをふたつに割るように底まで切る（つなぎ目のかたいところは避ける）。

②底をふたつに折る。

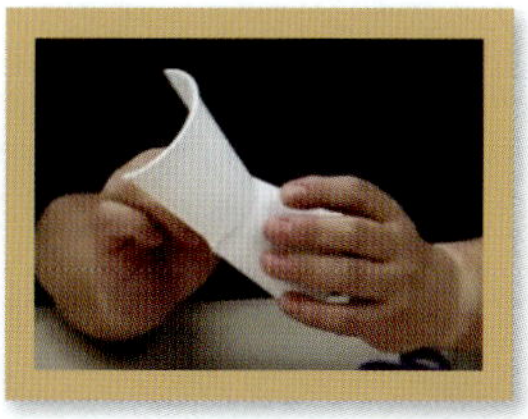

③指でつまむとパクパク動く。

④上を丸く切って顔にして、目玉や手をはってみよう。

簡単に作れるし、いろいろな玩具ができそう！　子どもたちと一緒に楽しめそうですね。

いろいろな動物を作って、歌に合わせて動かしたり、人形劇にしても面白いよ！

は〜い。

動く仕組みの作り方は動画で見られます

※動画共有サイト YouTube のページに接続します。

[パタパタふくろうの作り方]

①紙コップのふちから底に向かって半分くらいまで切り込みを2本入れて、折り上げて手を作ります。反対側も同じようにします。もうひとつの紙コップを中に入れて、今度はさっきの切り込みの半分くらいのところまで切り込んで、折り上げ、手の支えを作ります。

②支えと手を押さえたままで、支えの先をセロハンテープでつなぎます（反対側も同じようにします）。

③重ねたコップの上をつまんで上下に引っぱると、手がパタパタ動きます。

④手の上に羽をはって、顔とくちばしを描けば完成！

保育士さんの「やってみました！」

なにが出るかな？

“紙コップマジック”を作ってみました。紙コップは全部で６個（中に隠しておく紙コップⒶ４個、白い紙コップⒷ、「？」マークのついた紙コップⒸを各１個）用意します。 Ⓐ→Ⓑ→Ⓒの順番に重ねてみると、外から絵が見えてしまいました。**そこで中に隠しておく紙コップの一つひとつの高さを変えたり、底の部分の縁を切り取るなどして、うまく隠れるようにしました。**底に空けた穴の大きさを少しずつ変えることで、どの絵を出すかを選ぶことができます。

幼児クラスであそんでみると「なんで⁉ すごい！」と、盛り上がる子どもの姿がみられました（何回もやっていると、近くで見ていた子どもは気づいていましたが……）。「なにが出てくるかな？」とみんなで予想して、楽しむことができました。

ふくろう、インコ、ヒヨコ

紙コップを使用し、「見て楽しい玩具作り」を学びました。ふたつに重ねた紙コップにひと工夫加えると、面白い動きをする仕組みを知り、その仕組みを利用してふくろう、インコ、ヒヨコを製作しました。

子どもたちが、より楽しく、かわいいと思えるように、紙コップは色つきのものを使用しました。それぞれの紙コップをふたつに重ね、左右同じ位置に切り込みを入れます。羽が動くように切り込みの長さを変えますが、切り幅が同じになるように、紙コップはふたつ重ねた状態で切り、長さの調節を行いました。それぞれを折り曲げ、セロハンテープでしっかり固定し、羽をはりつけました。顔はシールや画用紙で装飾しました。ふくろうのように羽を大きくすると、動きも大きくなるので、子どもたちにも見やすく、伝わりやすいと思いました。

教えて！工作マエストロ

第13回

「じゃばら」を使ったうちわ作りに挑戦しよう。「じゃばら」は、山折りと谷折りを交互に繰り返していく折り方です。

いくつかのじゃばらを組み合わせて、カラフルなうちわや、顔をつけてかわいいうちわなど子どもたちと一緒に作ってみよう！

ゆらゆら揺れるじゃばらうちわ

きょうは、〝じゃばら〟がテーマと聞いているけど、どんな作品になるか、楽しみだね。

ほんとだね。あっ！ マエストロ！

やぁ、こんにちは。

よろしくお願いします！

さて、じゃばらを使って、こんな作品を作ってみたよ。

作品／黒須和清　写真／島田　聡

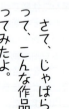

わぁ〜うちわですか？　かわいい〜！

そう。このうちわは、じゃばら折りでできているんだよ。

じゃばら折り？

じゃばらって、紙を山折り谷折りとギザギザに折る構造のこと。ヘビのおなかみたいなので〝蛇腹〟というんだよ。

あっ。そうなんですね。

でも、きれいに折るのってむずかしいよね。幅が変わってきたり、だんだん曲がってきたり……。

それでは、まずきれいにできるじゃばらうちわの作り方を教えよう！

[じゃばらうちわの作り方]

①折り紙をふたつに折って、またふたつに折り、またふたつに折る……を繰り返す。

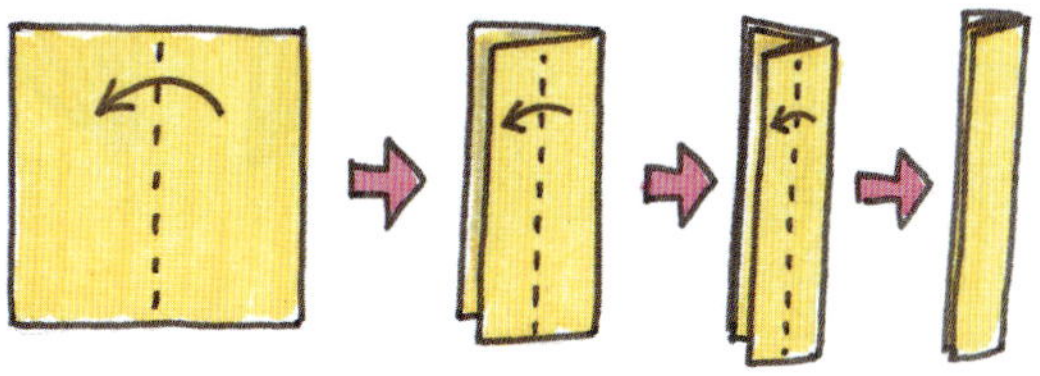

②①を広げると同じ幅の平行な折り目がついているので、その折り目を折り直して、ギザギザ（屏風型）にする。

③②をふたつに折って、折り目を糸で縛ってはり合せると扇子の形ができる。

この扇子の両側に竹ひごをはって、ぐるっと開くとうちわになるんだ。

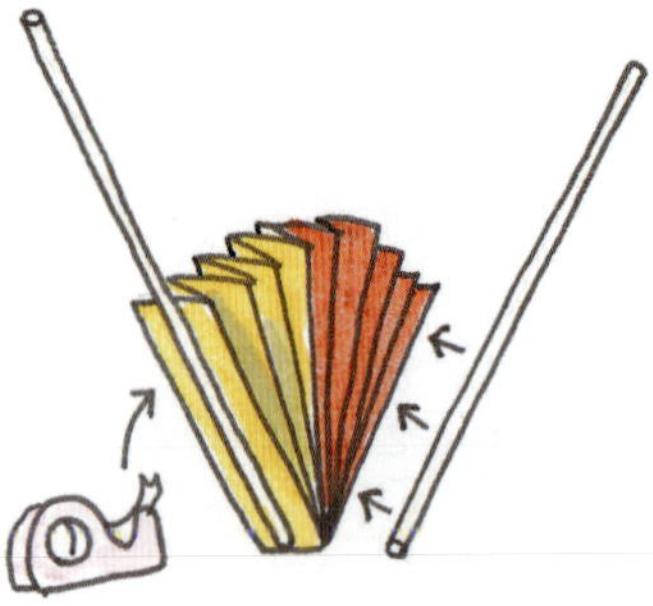

わぁ〜。つまり折り畳めるうちわなんですね！

でも、正方形一枚では、じつは半分しか開かないんだ。ぐるりと円にするには、この扇子をふたつつながないとだめなんだよ。

54ページの写真にあるけど、うちわにうさぎの顔と手をつけてみたよ。それからもうひとつは虫のうちわだよ。

わぁ〜かわいい！

じゃあ、このふたつのうちわを両手に持って横に振ってごらん。

あっ！　虫のうちわは顔が左右に動く！　でもうさぎの顔は動かないわ。

そう、どうしてなのか違いがわかるかな？

あっ、虫のうちわのほうは、じゃばらがいっぱいつないでありますね。

正解！　扇子ふたつではちょうど円になるけど、めいっぱいなので振っても動かないんだ。でも扇子をたくさんつなぐと余裕ができて、じゃばらは動く。顔はボール紙などを使って重く作るほど、反動がついて大きく動くよ。

〝ゆらゆらうちわ〟、〝フリフリうちわ〟ですね！　子どもたちと一緒に作ってみます！

じゃばらうちわの作り方は動画で見られます

※動画共有サイトYouTubeのページに接続します。

保育士さんの「やってみました！」

アリさんとアリさんがごっつんこ

紙を折って動きを楽しむ“じゃばら”で２匹のアリさんを作成しました。**作り方はとても簡単**で、好きな色、好きな柄の折り紙を組み合わせてじゃばらを作り、顔と手足をつけるだけです。見た目が華やかになるよう３色の折り紙を使用し、そのうちの１枚は柄のある物にしました。その折り紙を半分に切り、交互にはり合わせ長方形にしてから折っていきます。簡単にできる８等分折りでじゃばらを作りました。真ん中を固定するひもは見えないよう“てぐす”を使用し、顔や手足はセロハンテープを使用しました。

子どもたちに見せると、閉じている状態からパッ！ と開くたびに「わぁ～！ すごーい！」と歓声があがり、さらにゆらゆらと揺れるのを見て「動いたー！ 面白ーい！」と面白い動きに夢中になっていました。「おつかいありさん」の歌に合わせて２匹を動かして、楽しみました。

ひらひら　ちょうちょ

４枚の折り紙をはり合わせてじゃばらを作り、穴あけパンチで穴をあけ、模様をつけてみました。乳児クラスで「ちょうちょ」の歌に合わせて動かして見せたり、**活動の間のちょっとした時間に楽しみました。**動かすところを見て「かおがゆれてる～」「パタパタしてる～！ やりたい！」という声が聞こえました。朝みんなで集まったときに、インタビューゲームをしてあそびました。ちょうちょが頭にとまった子は前に出て簡単なインタビューに答え、そのあと友だちのところにちょうちょを動かして交代していきます。実際にちょうちょを動かして動きをまねしたり、「またやりたい！」「もっと大きいの、来てくれるかな？」と友だちと話したりして、次に期待をもつ姿が見られました。

教えて！工作マエストロ

第14回

針金を使った玩具作りに挑戦！
やわらかくて曲げやすいアルミでできた針金は子どもたちの工作の材料にぴったり！　カラーの針金など種類も豊富です。針金をらせん状にした回る玩具や、好きな形に曲げて、くねくねとした動きを楽しむヘビの玩具も作ってみました！

針金でくねくね玩具を楽しもう！

この前工作の材料をいろいろ見ていたら、こんなにたくさんカラーの針金を見つけたの。

わぁ〜、きれいね！　あんまり仕事で使わないからなじみがなかったけれど……。あっ、マエストロ！

やぁ、こんにちは。おや、針金がたくさんあるね。

はい、きれいでやわらかくて子どもたちにも曲げられそうなので、何かできないかなと思って買ってきたんです。

うん、これはアルミ線だね。アルミは鉄よりやわらかいから曲げやすいし、今は塗料やビニールでコーティングしてあるものもあるから、きれいでさびにくいんだ。

先がとがっているから振り回したり、狭い環境で作業しないよう、安全管理に気を配って使えば、楽しいものがいろいろできるよ。

作品／黒須和清　写真／島田　聡

ほら、こんな玩具はいかが！

わぁ〜、面白そう！

ヘビさんかわいいですね！

針金はすごく細い物ならはさみでも切れるけど、細くてもアルミでなく鉄だったりすると逆にはさみの刃がへこんでしまったりするから、常に針金はペンチで切る、と思っていたほうがいいよ。

　ペンチは子ども用はないし、はさみよりかなり危険な道具だから必ずおとなが使って、管理もしっかりすること。前もってひとり分ずつに切り分けておいて、両方の先を小さく丸めておくなんて配慮をすれば万全だよ。

わかりました！

では針金を巻いてバネを作ってみよう。

[バネの作り方]

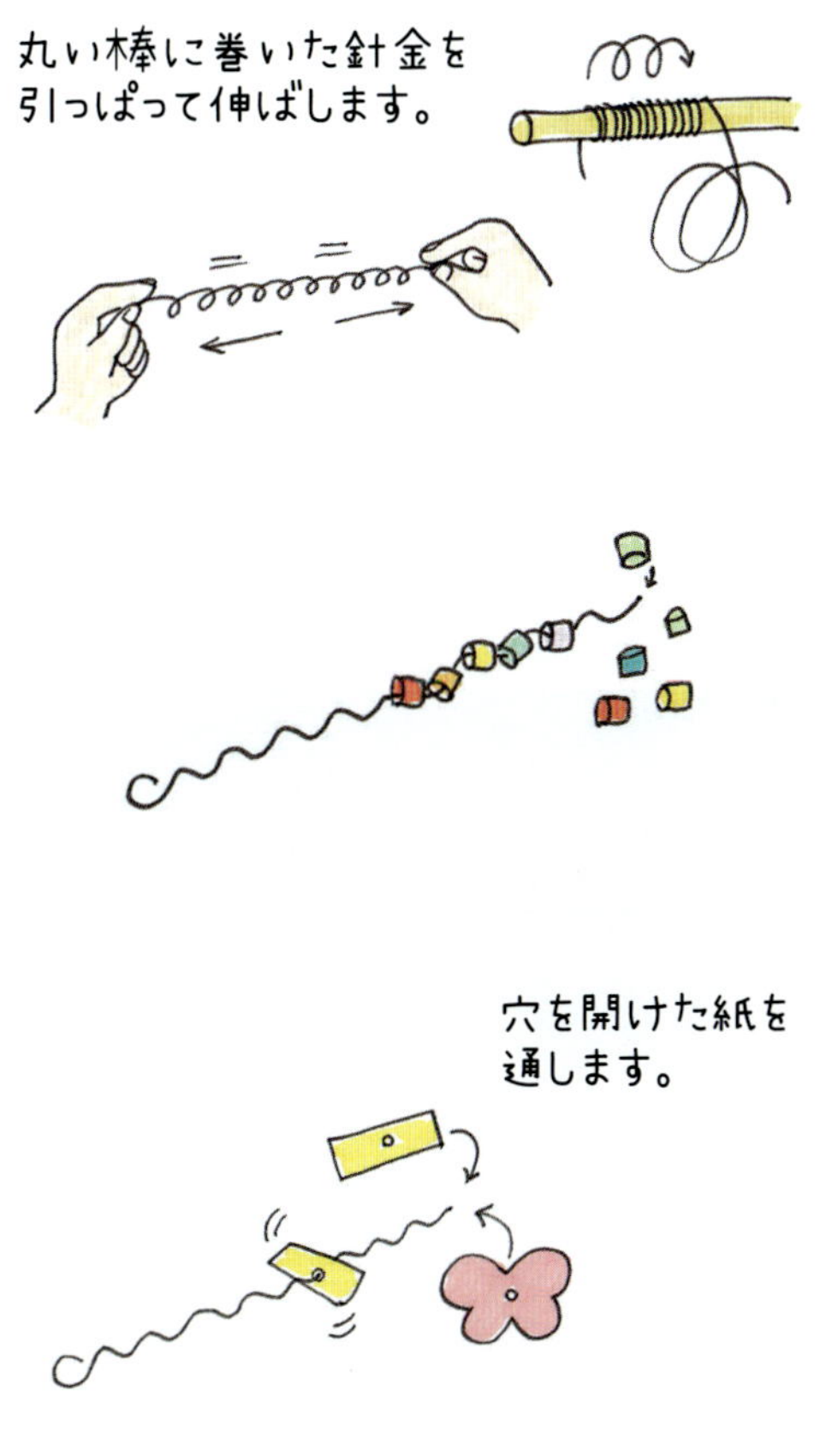
丸い棒に巻いた針金を引っぱって伸ばします。
穴を開けた紙を通します。

それに細かく切ったカラーストローをたくさん通すと……。

わぁ〜！　しゅるしゅるっとヘビみたいに降りてきますね！

次は色画用紙の小片に穴を開けたものを通すと……。

あっ、くるくる回りながら降りてくる！

そう、必ずこうなる自然現象なんだよ。次は写真のヘビの作り方。

回る仕組みは動画で見られます

※動画共有サイト YouTube のページに接続します。

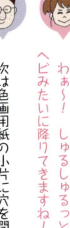

［ヘビの作り方］

①タオルの端に両面テープをはり、両端を曲げた針金をはります。

②きつめにくるくる巻いていき、両面テープでとめます。

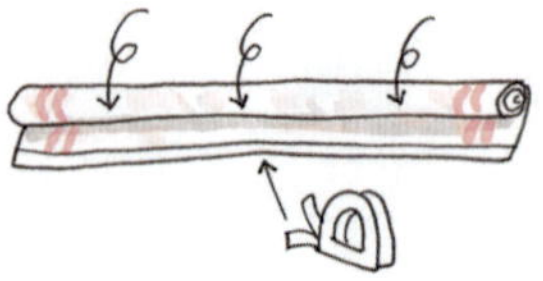

③目をつけて好きな形に曲げよう。

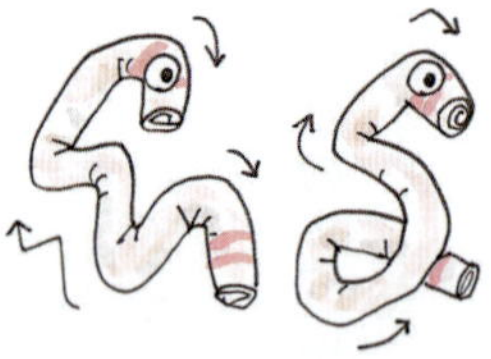

これは好きな形になるヘビくんだよ。タオルを丸めただけだと曲げてもだらっとくずれてしまうけど、中に針金を入れると曲げた形がキープできる。針金はテープにくっついているから、飛び出したりしないよ。いろいろなポーズができて楽しいよね。

このヘビのまわりにあるのは玩具ですか？

うん。針金を丸い鉛筆やサインペンにくるくる巻いて作ったバネに、いろいろな物を通してみたんだ。一番右側にある、くにゃくにゃに曲げた針金はゲームなんだよ。針金をいろいろな形に曲げて作った物にへの字に曲げた針金を乗せて、端から端まで落とさないように動かしていくよ。お友だちと競争して楽しんでも面白い！　工夫して挑戦してみよう！

面白そうですね！　いろいろな物を乗せて楽しめそう！

工作のレパートリーが広がりそうです！

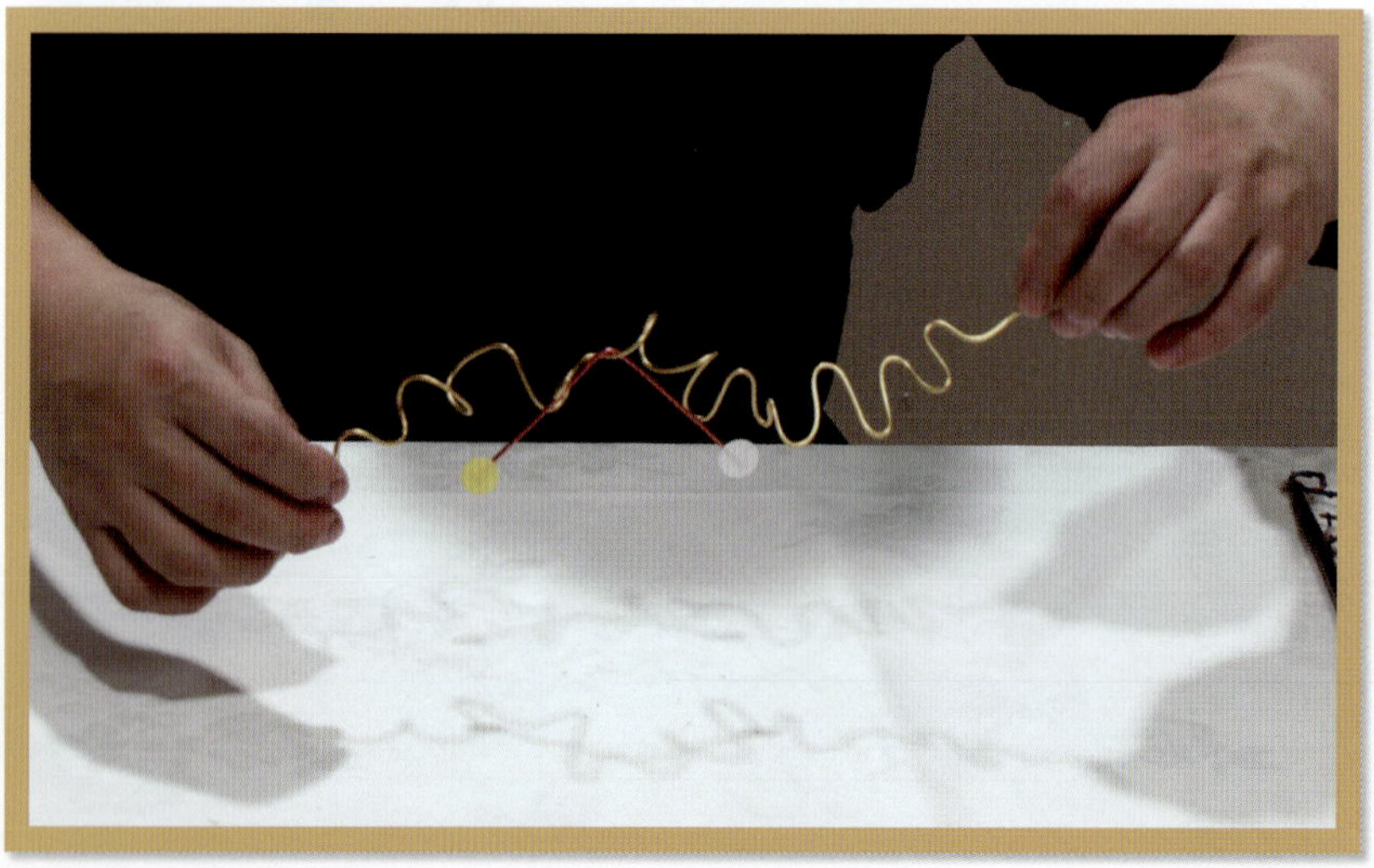

保育士さんの「やってみました！」

タオルでヘビさん

針金を使った製作で、針金の性質を利用し、ヘビを作りました。**針金には何も細工せず、タオルを巻きつけただけでいろいろな形、姿に変身できる面白い作品です。**針金は太さ 2.5 ミリの太めの物を使用し、長めに切ります。それをタオルで巻き、両面テープで固定しました。このとき、針金がタオルの端から出てくると危ないので、針金の端を丸め、しっかりと固定しました。そこにフェルトなどで好きな装飾をし、ヘビの完成です。子どもたちに見せたとき、タオルがぐにゃぐにゃと形を変え、ヘビに変身すると、「わー！　ヘビだー‼」と大喜び。その後みんなで順番に好きな形に変身させ、笑って楽しむことができました。

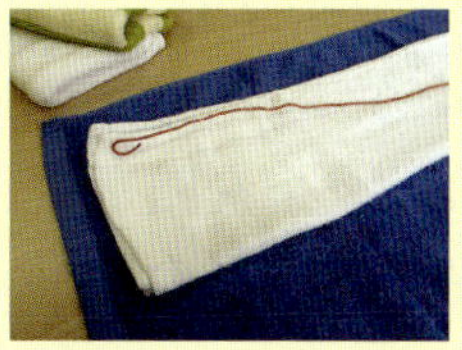

おつかいアリさん

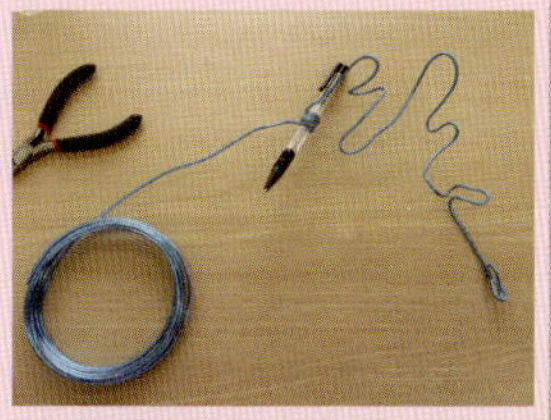

クネクネした針金に短い針金をかけて、落とさないように傾けて動かす玩具を作りました。**家とお菓子の間をアリがおつかいに行くイメージにしました。**針金の先が危なくないように紙粘土をつけました。紙粘土をつけたことにより、重さでよりスムーズに動くようになりました。年中長クラスでは最初は何度も落としてしまい「むずかしい〜」と悔しがる姿も……。動かし方のコツをつかむと「できたよ！」と何度も繰り返し挑戦して楽しんでいました。針金がやわらかいので、子どもたちが自由に形を変えて楽しむ姿も見られました。

教えて！工作マエストロ

第15回

　第８回で紹介した「飛び出すカード」の第２弾です。前回は、箱型がせり出してくるタイプで、ケーキが飛び出してくるカードを紹介しました。今回はカードを開くと中の仕かけが立ち上がる形のカード作りに挑戦!!

　子どもたちもカードを開いたとき飛び出してくる仕かけにビックリ！　簡単に作れる方法も紹介しているので、ぜひ子どもたちと一緒に作ってみてください。

ポップな「飛び出すカード」で楽しもう！

前に、手作りの「とびだすカード」の作り方を教えてもらって、クリスマスカードとかいろいろ作って楽しかったね。

きょうは、紙を開くと中の仕かけが立ち上がるカード。また、レパートリーが増えるね！

やぁ、こんにちは。きょうは「飛び出すカード」の第二弾!!　そこで、こんなカードを作ってきたよ。

わぁ～、カエルが飛び出した!!

透明の塩化ビニール板でつけたから、なおさら飛び出したように見えるよね。

怪獣のカードは両手が、船のカードは船そのものが両側に飛び出すんですね！

飛び出す秘密のはり方、それは「天にV」だよ!!

天にV!?

作品／黒須和清　写真／島田　聡

[カエルのカードの作り方]

①紙をふたつに折って角をななめに折ります。

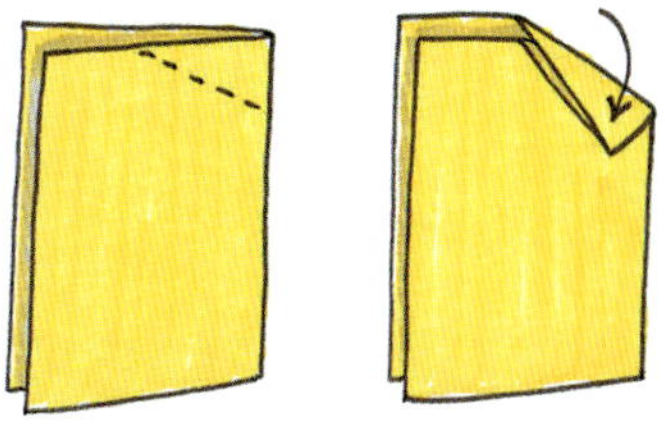

②広げて内側へ折り直します。

③図の位置にカエルをつけます。

透明の塩化ビニール板

④ボール紙の台紙には両端だけはります。

[大きく立ち上がるためのはり方]

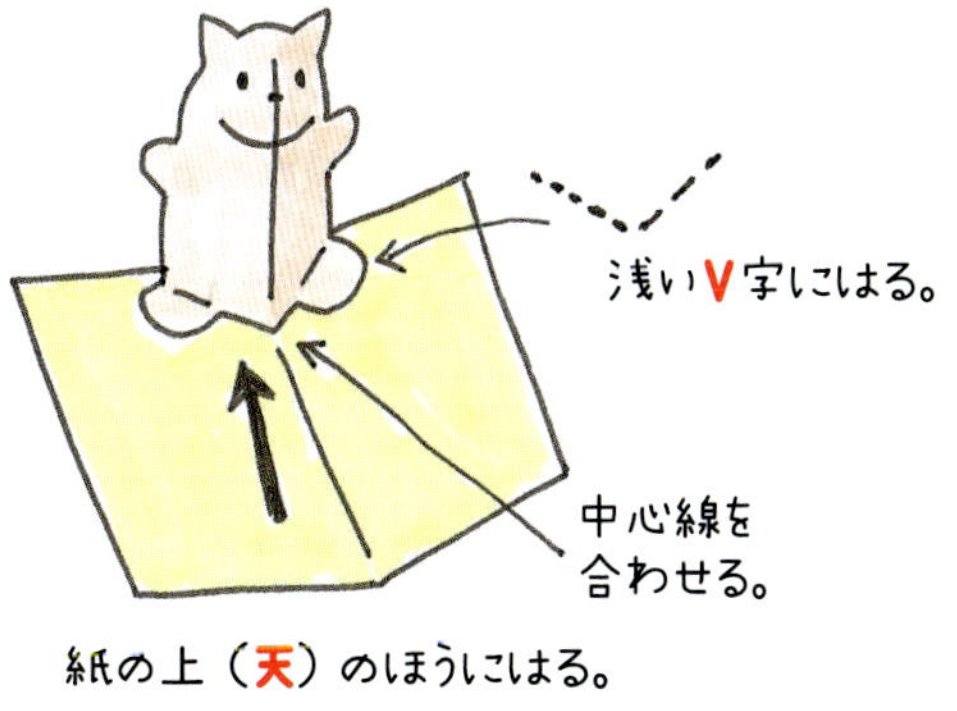
浅いV字にはる。
中心線を合わせる。
紙の上（天）のほうにはる。

「天にV」と覚えましょう！飛び出したいものは台紙の上のほう（天）にV字にはるということだよ。

まっすぐはると立たないんですね。

そう、でもこのやり方をもっと簡単にしたのがカエルのカードなんだ。台紙の上の角をななめに折るだけ。「天にV」でつけたのと同じになります。

あっそうか。こうすると台紙の上のほうにV字ができる！

ここに何でもつければ飛び出すよ。

この方法なら子どもたちにもできそうですね。

立ち上がるカードの基本は〝天にV！〟。上のほうにVの字を作って、そこにはると覚えよう！

そうか！　だから上と下の角を両方折れば両側に飛び出すようになるんだ。怪獣と船のカードがそれだね。

そう！　この仕組みを紙のオビを使って作るやり方もあるから、紹介しよう。

[怪獣のカードの作り方]

①紙のオビをふたつに折ります。

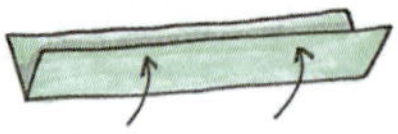

②台紙の幅に合わせて両側を直角に折ります。

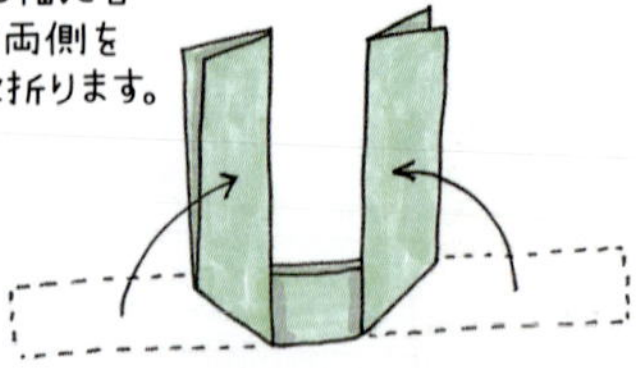
台紙の幅

③全部広げて

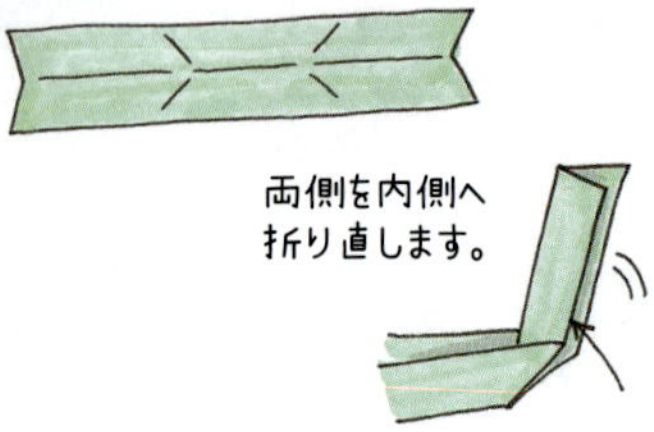
両側を内側へ
折り直します。

④こんな形になります。

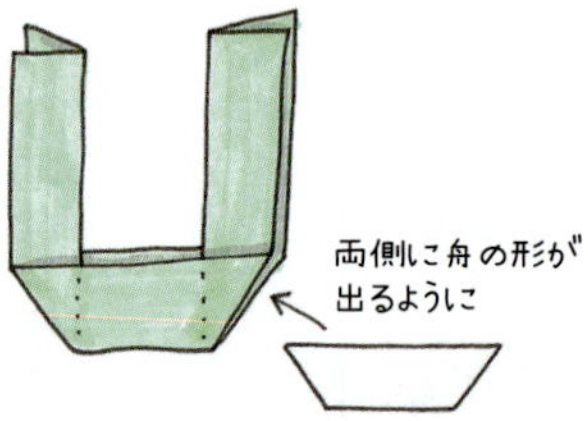
両側に舟の形が
出るように

⑤ふたつに折った台紙の中心線にこのように置いて

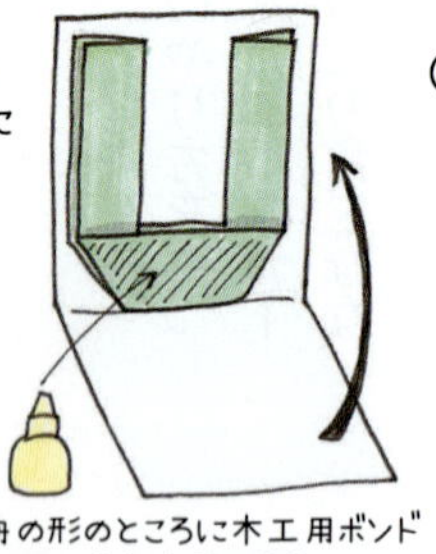
舟の形のところに木工用ボンド
をぬって台紙を畳みます。

⑥広げて反対側の舟のところに木工用ボンドをぬって畳みます。

⑦台紙を広げると両側に飛び出します。
顔や手足をつけましょう。

怪獣のカードの
作り方は動画で
見られます

※動画共有サイト YouTube
のページに接続します。

保育士さんの「やってみました！」

バナナをパクッ！

飛び出すカードは、広げると横にはみ出すくらい大きく広がる仕組みになっています。飛び出す部分はバナナにして、ゴリラがパクッと食べようとしているカードを作りました。ゴリラの顔よりバナナが大きくなるので、インパクトも強く、面白くなりました。

私は導入の部分で、初めにゴリラの人形とおままごとのバナナを使って「くいしんぼうのゴリラ」を歌い、♪パクッと食べた！　のところで、このカードをパッと開いてみました。すると、大きなバナナとバナナを食べようとするゴリラに子どもたちは喜んだり、手を伸ばしてバナナをつかもうとしたりと、とてもかわいい姿が見られました。

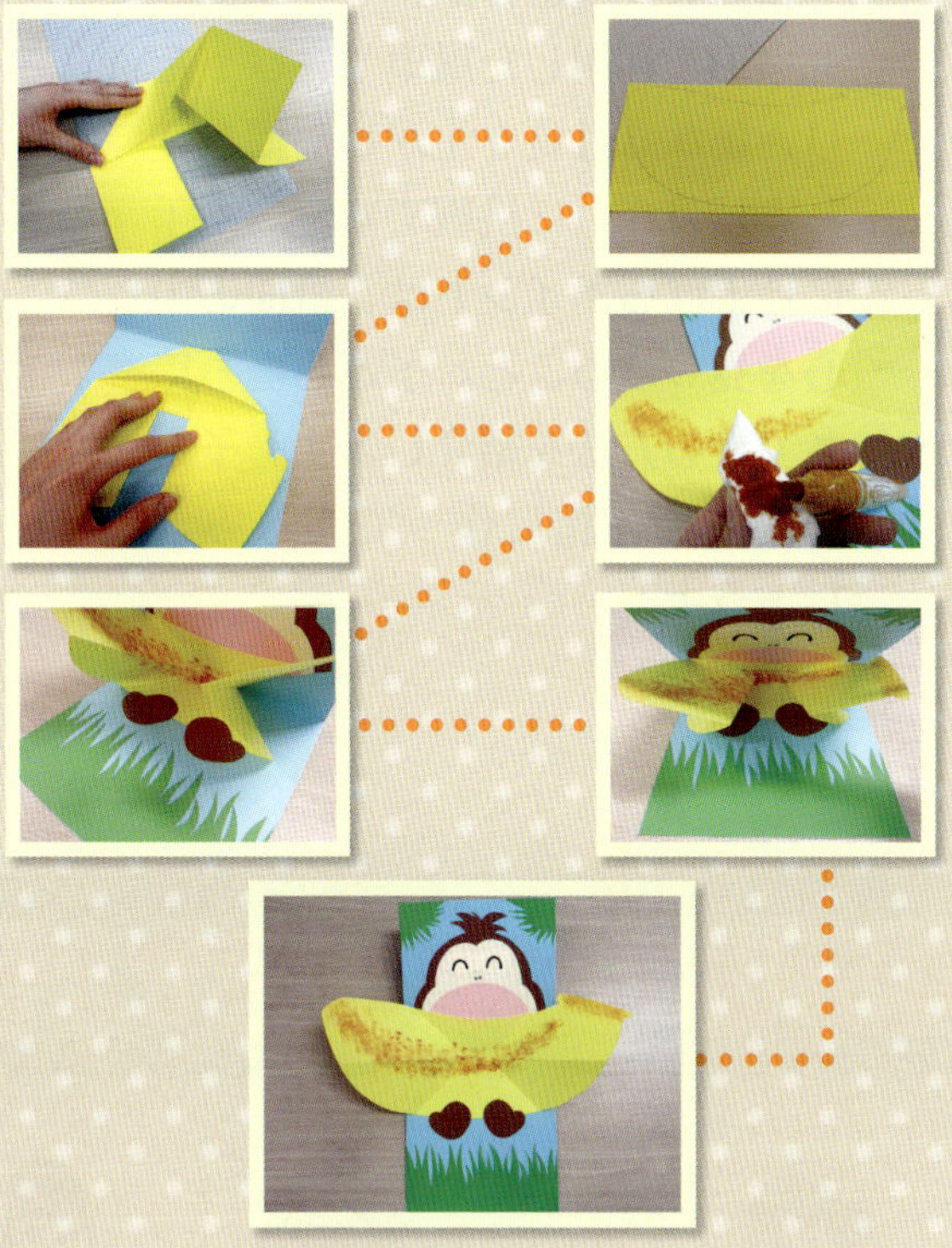

日本音楽著作権協会（出）　1810728-801 号

だぁれかなっ？

飛び出す絵本をイメージし、紙を本のように重ねながら立体カードを作りました。

最初に台紙になる画用紙を半分に折り、重ねて端をはりつけて本型にしました。

うさぎは耳、ぞうは耳と鼻、カエルは目、ライオンはたてがみが立ち上がるようにしてみました。**折り込む部分をどこにしたらいいのか迷いましたが、台紙の画用紙に先に折りめをつけ、動物の顔を一緒に折り込むことで簡単に立体にすることができました。**

２歳児の集まりの会のときに実際に試してみました。「次はだれかな？」と動物の鳴き声をまねして、クイズのようにして楽しみました。ページをめくると、子どもの目線が動く仕組みにくぎづけになり大喜び！　「もう１回！」「わぁ～！　やりたーい！」と、何度もリクエストしてくるなど楽しむ姿が見られました。

教えて！工作マエストロ 第16回

紙皿を使った作品です。紙皿の丸い形を利用した風車や、ぴったりと重なる性質を生かした絵が変わる玩具作りに挑戦です！　上手に仕上げるポイントは、紙皿の中心を見つけること。子どもたちにもできる方法を紹介します。子どもたちと一緒に作って楽しみましょう！

「何が出てくるかな？」“変身紙皿”であそぼう！

今回は紙皿を使った作品作りだね。

うん。紙皿に絵を描いて飾ってみたりしたこともあるけれど……どんな作品なんだろう？　楽しみだね！

やぁ、こんにちは。きょうは紙皿を使ってこんな作品を作ってきたよ。

わぁ〜。下の写真の右側は、風車ですか？

そう。これは紙皿の丸い形をそのまま利用して作ってみたよ。お皿は受ける形をしているので風も受けやすいよね。

紙皿のまわりに切り込みを入れて、折っているんですね。

中心に向けて切り込みを入れたらそれを同じ方向にななめに折っていく。そして、よく回るためには折った所をまた戻してほぼ平らにすること。この微妙な角度が一番よく風を受けるんだよ。

作品／黒須和清　写真／島田　聡

［風車の作り方］

①紙皿の中心に穴をあけます。

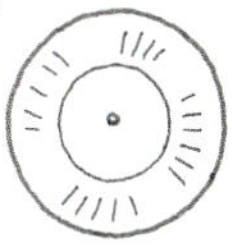

②竹ひごを通してセロハンテープでしっかりとめます。

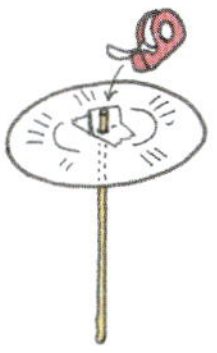

③中心に向かってまわりに切り込みを入れて、ななめに折っていきます。

④またほとんど平らになるくらいに広げるのがよく回るポイントです。

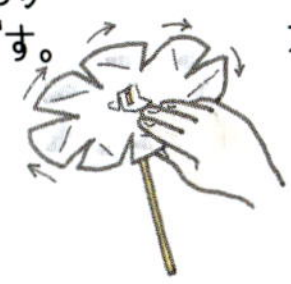

⑤ストローを通して竹ひごの先をセロハンテープで巻いてストッパーにします。

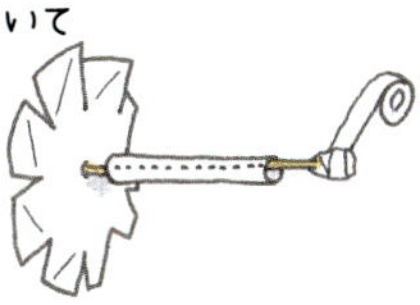

⑥このように持って風のほうに向けると、よく回るよ！

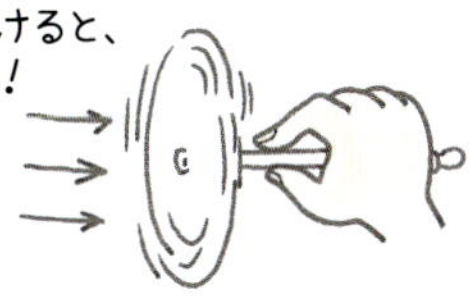

［紙皿の中心の見つけ方］

半分に切った紙皿を重ねて中心に線を引きます。

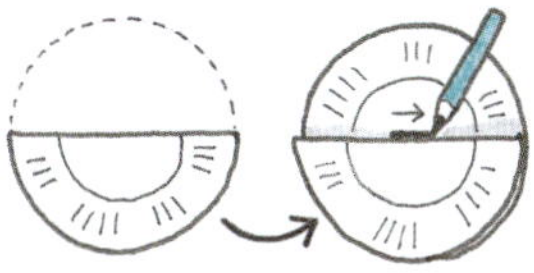

少し角度をずらして重ねてもう1本線を引きます。

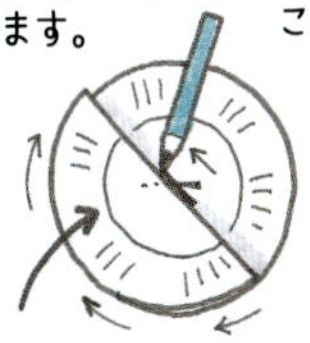

ここが中心になります。

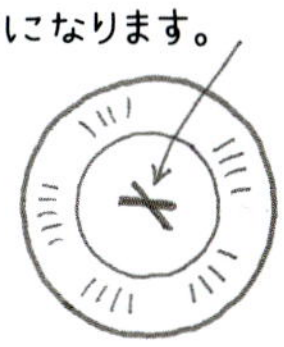

でも真ん中に穴を開けるのはちょっとむずかしそう……。

普通は四つに折って中心を見つけるんだけど、もっと簡単な方法があるよ！

もうひとつの紙皿の作品は、猫の下から何か見えていますが……。

これは二枚の紙皿を重ねて中心まで切り込みを入れる。その切り込みから下のお皿を出して回していくと、下のお皿に描いた絵が出てくるというわけ。猫がパンダに変身するんだよ。

[変身紙皿の作り方]

①中心まで切り込みを入れます。

②切り込みの左側のふちに竹ひごをつけます。

③同じものをもうひとつ作って、それぞれ絵を描きます。

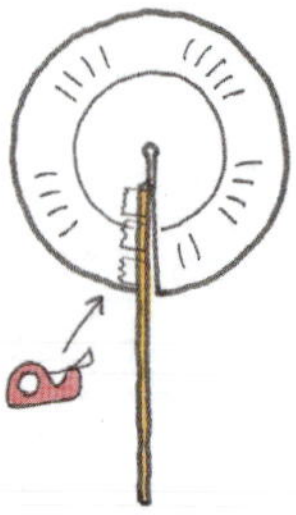

④ふたつを重ねて、下の紙皿につけた竹ひごを、切り込み部分から表に出します。

⑤

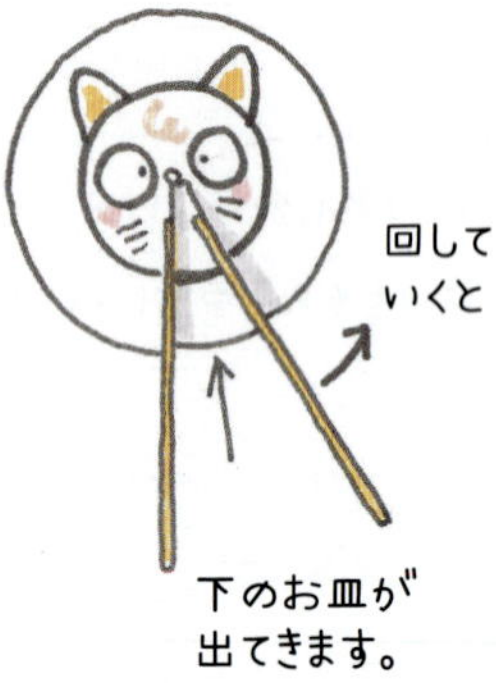

⑥はずれないように中心の穴にたこ糸の切れ端を通し、上に曲げて表と裏にセロハンテープでとめます。

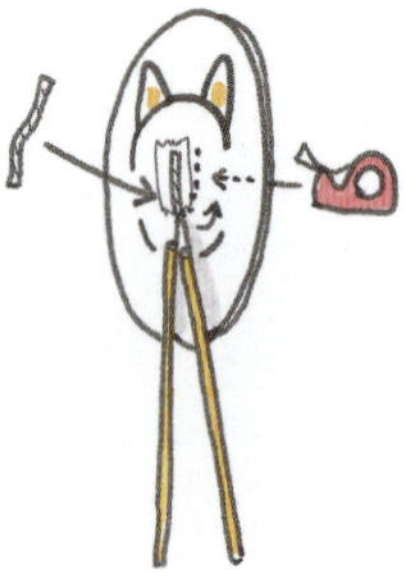

変身紙皿の作り方は動画で見られます

※動画共有サイト YouTube のページに接続します。

回しやすくするために竹ひごをつけてありますね。

そう。竹ひごを少しずつ回しながら「これ、な〜んだ！」と、クイズもできるね！

わぁ〜面白そう!! これならいろんなパターンで楽しめそうです！

これはしっかり中心をとって合わせないと、回していくとずれるから注意。

つけた竹ひごの幅だけ最初に下の絵が見えてしまうから、それを考えて絵を描こうね。

保育士さんの「やってみました！」

果物たちのお祝い

紙皿で製作を行いました。使用した紙皿は５枚で、まず１枚ずつに果物の絵を描いていきます。メロン、みかん、パイナップル、いちご、最後の１枚にはそれらの果物を載せた誕生日ケーキを描きました。

次に描いたものを重ね、紙皿の半分の位置まで切り込みを入れます。半分に切った紙皿で×印をつけると、真ん中の位置が簡単に取れました。**動かすときにずれないよう、ひもで固定し、動かす部分には竹串を使用しました。**ぴったり重なりずれることもないので、５枚重ねてもうまく動かすことができました。

少しずつ次の絵が見えてくるので、「次は何かな？」と子どもたちのようすに合わせてクイズ形式にしたり、歌に合わせて動かしたりと、やり方はさまざまで、子どもたちとのかけ合いも楽しむことができました。子どもたちは「変身する」ことが大好きなので、とても喜んで見てくれました。

くいしんぼうおばけ

「くいしんぼうおばけ」の歌のペープサートを紙皿で作りました。２枚の紙皿をかみ合わせて１枚だけ回すと、前後が入れ替わるのでペープサートとしてだけでなく**クイズなどのあそびにも使えてとても面白い仕かけ**です。

実際に２歳児クラスであそびました。好きな歌なので一緒に歌いながら見る子どもたち。おばけの表情が変わるとくぎづけになり歌っていたのも忘れて、目を輝かせながら見つめていました。クイズの部分では、歌詞に合わせて《「チョコレート、梅干し、玉ねぎ」》を作りました。「もっとないのー？　もっとやりたい！」と大盛り上がりでした。ほかにも「メロン、ケーキ、バナナ」を作り、歌詞を少し変えて歌って楽しみました。

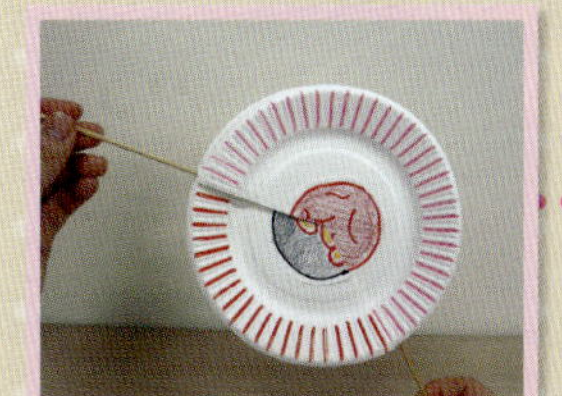

教えて！工作マエストロ

第17回

スポンジを使った作品の紹介です。スポンジのやわらかさと弾力を利用して、動きのある玩具や、パクパク人形も作れます。スポンジは小さなかけらでも十分弾力があります。また、スポンジをきれいに切り分けるコツも伝授します。

ポヨンポヨン！　スポンジ玩具で楽しもう！

今度の生活発表会の出し物、何をするか決まった？

身近な物を使って作った作品で何かできないかな？　と考えてるんだけど……。

あっ！　マエストロ！　きょうも楽しみにしています。よろしくお願いします。

こんにちは。今回はスポンジを使って、こんな作品を作ってきたよ。

わあ～!!　まん中のちょうちょと鳥の下に小さなスポンジがついていますね？

作品／黒須和清　写真／島田　聡

そう。割りばしを押すと、スポンジの真ん中がへこんで羽の両端が上がる。それを繰り返すとパタパタする動きになるんだ。
小さなかけらで大丈夫なんだよ。

でもスポンジってやわらかいから、うまく

切れるかな？

ちょっとしたコツをつかめば大丈夫。きれいに切り分ける方法を伝授しよう！

[スポンジの切り方]

- 使う道具はカッターナイフ。はさみで切ると切った面が平らにならないので、カッターナイフを使おう。
- 大きなカッターナイフを用意し、必ず新品の長い刃に取り替えて刃を長く出す。定規であまり押さえつけないように注意し、刃の元のほうを定規と垂直に当てて包丁でお刺身を切るようにすーっと引いていく。

- 一度で切れなければもう一度同じように引く。

スポンジに両面テープをはり、真ん中に割りばしを軽くつけます。テープが割りばしの横につくとパタパタしないので、押さえつけないこと。割りばしの両側に羽をつけてから、全体をしっかり押さえよう。

羽を左右つなげてはって、その上から割りばしをはるとパタパタしないから注意してね。羽は必ず切り分けてはること。

スポンジがやわらかいので両面テープの裏紙をはがすのがたいへんそう……。

子どもたちでできなくて、みんな手伝うことになるかしら。

いい方法があるよ。ダンボールにガムテープを一面にはって、そこに両面テープの裏紙をはがしたスポンジを人数分つけておくんだ。ガムテープの表面ならテープは何度つけたり取ったりしても傷まないからね。

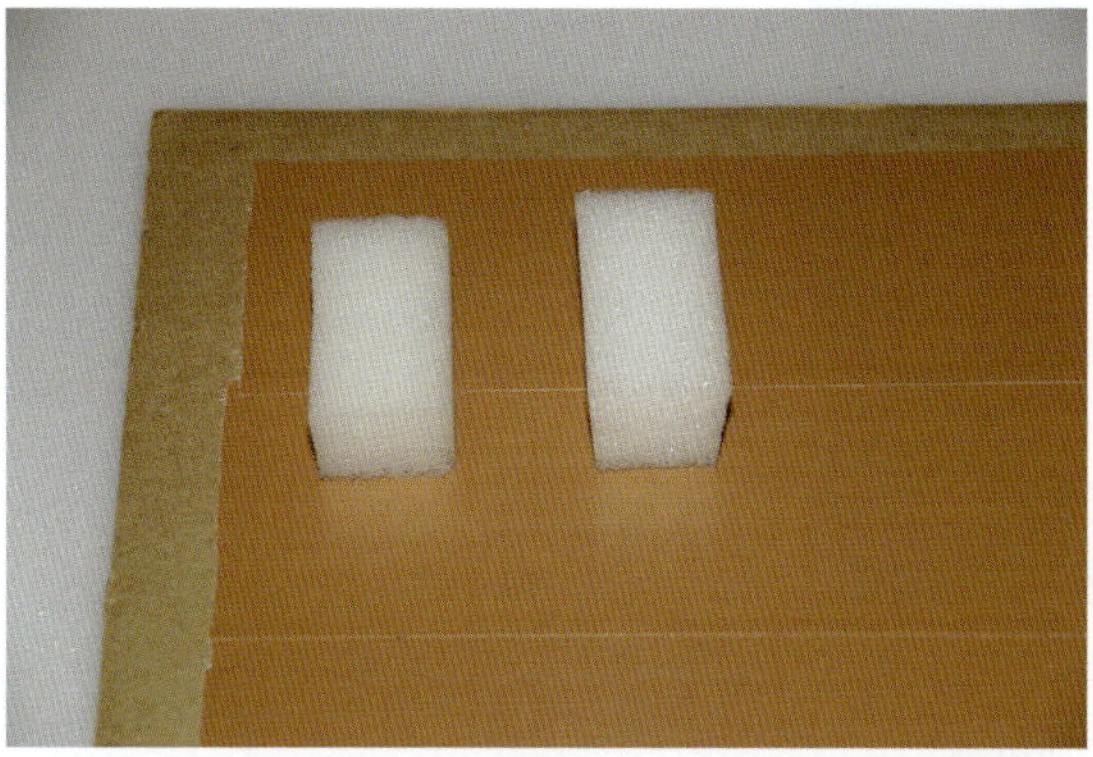

なるほど！ これなら大人数でやっても大丈夫ですね。

両端の人形は口がパクパクするんですか？

そう。炊事用、浴室用、座布団用など探していろいろな色のスポンジを使うといいね。

丸い形にしていくのはカッターナイフを使うのですか？

いや、丸くするにはハサミでチョキチョキやっていくんだよ。最初は大胆に角を落として、それからとがった角をなくしていくように切っていくんだ。

子どもたちと一緒に作って、人形劇などをしてあそんだら盛り上がりそうです！

そうだね。楽しみにしているよ。

半球になったスポンジでパクパク人形を作ってみよう！

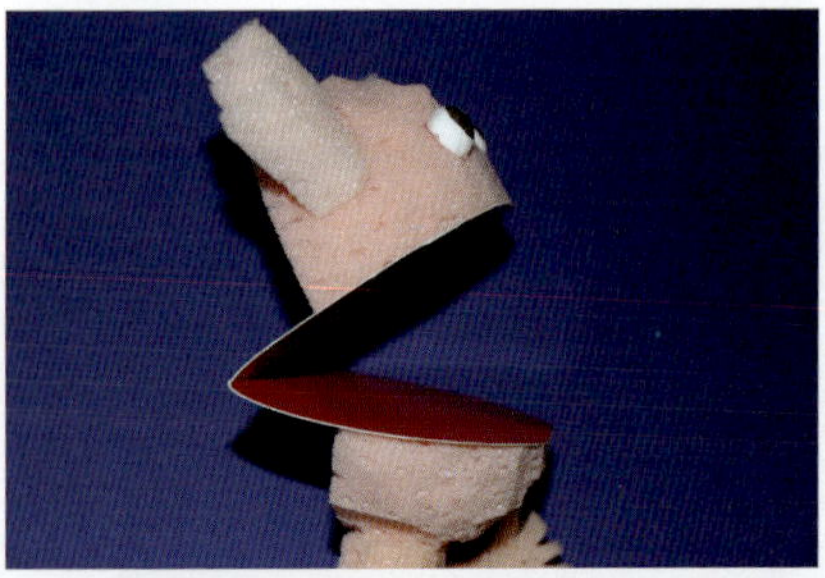

①顔を口のところでふたつに切り分け、ふたつに折った赤の工作用紙をはさんで、両面テープではる。

②顔のカーブに合わせて工作用紙を切り取る。

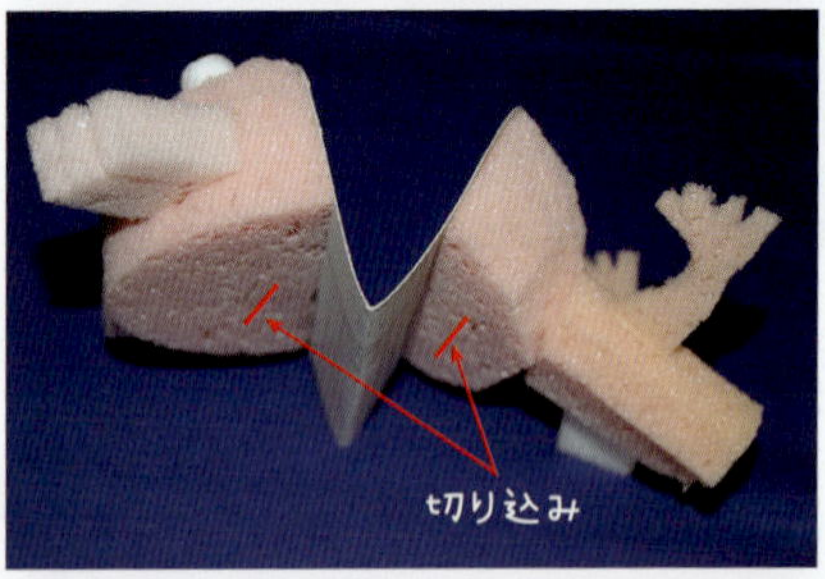

③頭とあごの裏側にカッターナイフで深めの切り込みを入れて、ここに人さし指と親指を差し込んでパクパクさせよう。

④目をつけて完成。

詳しい作り方は動画で見られます

※動画共有サイト YouTube のページに接続します。

保育士さんの「やってみました！」

パクパク動物

スポンジを使って口がパクパク動くかわいい動物を製作しました。使用したスポンジは、**食器洗い用のスポンジです。やわらかい部分を使用するので、硬いほうは切り取ります。**カッターを入れる面を上にしてスポンジを押さえ、カッターの刃を全部出し、力を入れすぎないようにスーッと引くように切ると簡単に、きれいに切ることができました。

耳や目などのパーツの装飾用にはカラフルな硬いスポンジを使用しました。子どもも手を入れて動かせるよう小さめの作りにしたので、細かいパーツは木工用ボンドでしっかりとはりつけました。パペットは子どもも大好きで、自分で手を入れて動かすことをとても楽しんでいました。「ブーブー」「ニャンニャン」と鳴き声のまねをする姿もかわいらしくて、一緒にあそべてよかったです。

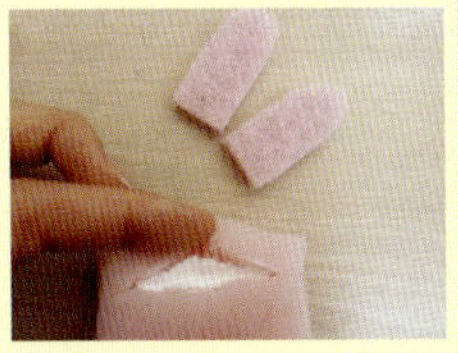

おはなし　ぱくぱく

スポンジを使って男の子と女の子の人形を作りました。顔の土台は洗車用のスポンジを使用しました。スポンジの硬いところは切り取り、髪の毛や帽子などのパーツに使用しました。**両面テープでつけるとすぐに取れてしまったので、木工用ボンドでつけ直しました。**スポンジを切るとき、切れ目が曲がったりバランスが悪くなったりしてしまい、イメージどおりの形に切るのがむずかしかったです。

実際に２歳児クラスの集まりの時間に見せてあそびました。口が大きく開き目も動くので、子どもたちも夢中になって見つめていました。人形を使ってお話をしたり、歌を歌ったりと、子どもたちも参加しながら楽しくあそべました。何にでも応用して使えるので大活躍です！

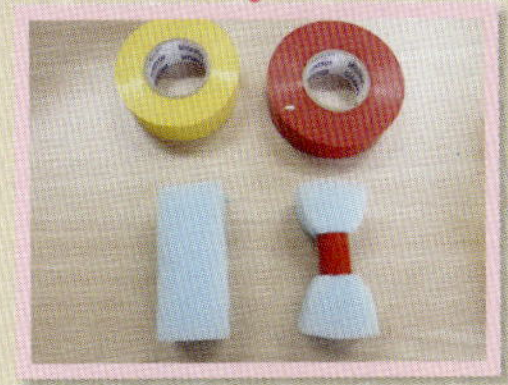

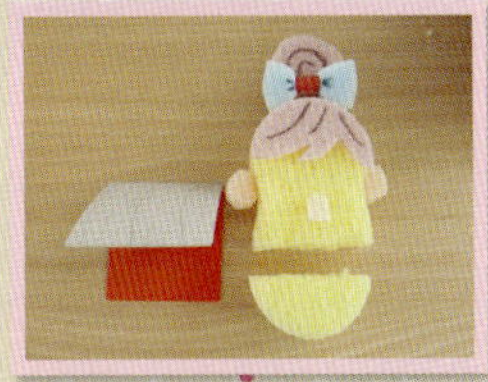

ビニール袋を使った玩具の紹介です。ビニール袋は身近な素材で、大小さまざまな大きさのものがあり、いろいろな玩具が作れます。

「空気を入れて膨らます」ことと「透明なので中が透けて見える」というふたつの性質を生かしてチャレンジしてみました。

教えて！工作マエストロ

第18回

ふわふわ　もこもこ！　ふくらむ玩具

ビニール袋って空気を入れると風船みたいに膨らむよね。これで何か作れないかな？

そうだよね。面白い物を作ってみたいなぁ……。

あっ！　マエストロ。今回もよろしくお願い致します。

やぁ、こんにちは。きょうはみんなが普段よく使うビニール袋を使った玩具を作ってきたよ。

わぁ～。アイスクリームだと思ったら猫の顔になった！

これは小さいサイズのコンビニの袋を使って作ったもの。マチ（厚み）があるから、膨らますと猫のできあがり！　紙コップでパイプみたいにしてもいいけど、ストローを通す穴を開けなくてはいけないよね。その点アイスクリームのコーンだと半円形の紙を巻きつけて作ればいいから

作品／黒須和清　写真／島田　聡

楽だよね。ストローとビニール袋をしっかりつなぐことが大事なポイント。必ずセロハンテープを二回はると覚えておこう。

二回はる？

そう、まず一回めはストローを入れた所を横にぐるぐる巻く。でもこれだけだと膨らませたときポンとストローからビニール袋が抜けて、とんでいってしまうことがある。そうするとたいへん！　抜けた穴はふさがってしまいストローが入れにくくなり、結局作り直しになってしまうよ。

それはめんどうですね。

そうならないために、もう一回はる。二回めはセロハンテープを縦にはって、ストローとビニール袋をつなぐんだ。

だから二回はるということなんですね。

【ストローとビニール袋とのつなぎ方】

①曲がるストローを曲げて、短いほうをさし込んで、曲がる部分を出してとめる。

②まずセロハンテープを長めに切って横にぐるぐる巻く。このとき袋の口をきれいに巻いてはっていくと、ねじれてストローから空気が入らなくなることもあるので、普通に握った状態で巻くとよい（ゆるめに巻いてすき間があってもかまわないよ）。

③もう一本長めに切ったセロハンテープを今度は縦にはりつけ、ビニール袋とストローをくっつける（これでストローとビニール袋は絶対に取れない）。
※膨らませてみて空気がもれるようなら、セロハンテープで補修しよう。

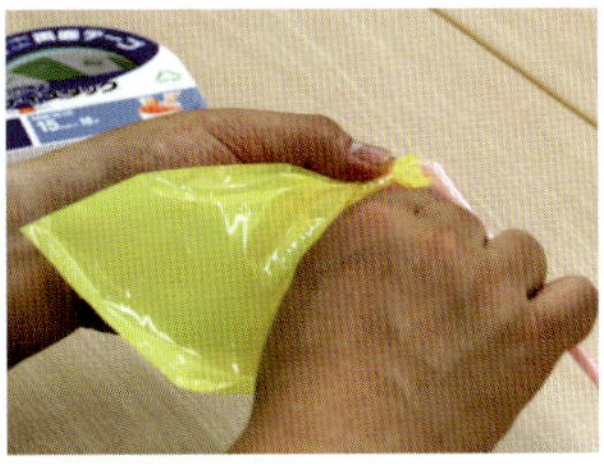

写真と動画でもう一度説明するよ。

曲がるところに色画用紙でコーン型を作り、ビニール袋を中に押し込む。アイスクリームだから全部中へ押し込まなくてもいいよ。シールで猫の顔をはろうね。

なるほど！　アイスクリームが膨らんでくる玩具ですね。

子どもは肺活量が少ないから小さめの袋にすると一気に膨らますことができる。大きい袋を何回も吹いてゆっくり出てくるのも面白いけどね。もっと大きいゴミ袋などで作ったときは、ドライヤーの冷風で一気に膨らます手もあるよ。

わぁ〜、それも面白そう！

それからビニール袋のもうひとつの性質、透明であることを生かして、中にいろいろ詰めてみたんだ。お花紙や色画用紙、毛糸の切りくずなど、カラフルな物を入れてセロハンテープやモールでくくって形を作る。

詰めた物の色がそのまま生かせるから、外から色を塗らなくてもいいということですね。

そう。シールなどで目をつけたり、水玉模様のアクセントをつけるといいね。

透明なセロハンテープで形を作っていくわけですね。

たくさん詰めて丸くして両側をモールでとめればキャンディーのできあがり！　一番簡単だね。

猫ちゃんのぬいぐるみみたいな物はむずかしそうだけど、挑戦してみたい！

お魚型は口の先にモールで輪をつければ、引っかけて釣る魚釣りゲームもできるよね。

楽しそう！　やってみます。

作品の詳しい作り方は動画で見られます

※動画共有サイト YouTube のページに接続します。

保育士さんの「やってみました！」

飛び出せ！　おばけ箱

ビニール袋の“膨らむ”“しぼむ”という特徴を活かし、**紙コップの中から膨らみながら飛び出すおばけを製作しました。**さまざまな色のビニール袋を好きな形・大きさに切り、切った部分をストローに巻きつけます。息を吹き込んで膨らませるため、ビニール袋を大きくしすぎると膨らませるのに時間がかかり、紙コップに入りきらなくなるため、状況を見て調節していきます。また息がもれないか確認しながらしっかりとセロハンテープで固定します。あとはそれぞれ装飾や顔を描き、箱に入れて完成です。

子どもたちは、ぷうっと膨らんでくる動きを不思議に思い、「なにがでてくるのかな!?」とワクワクしながら、じーっと見つめていました。おばけだとわかったときには、「コワイー！」「おばけだー！」と大興奮でした。おばけの大きさや形などによって、膨らませる速さを変えたり、「なかなかでてこないねー」とかけ合いを楽しみながら見せると、より興味深く見ていました。

ペタペタ積み木

ホワイトボードにはりつけてあそぶ玩具を作りました。適当な大きさに切った毛糸やお花紙を透明袋に詰めて、形を作りセロハンテープでとめました。形を作ったあと、後ろにマグネットをはりました。ホワイトボードの上で形や色を組み合わせてさまざまな形を作り上げ楽しむことができます。**袋の中の毛糸やお花紙は違う色を混ぜ合わせることで、色のバリエーションが増えました。**毛糸とお花紙では見た目の質感や感触が違う物ができあがりました。

2歳児クラスであそびました。最初はマグネットをくっつけることを楽しんでいましたが、しばらく楽しんでいると「これ、さんかく？」「まるもあるね！」と形にも興味をもち始めていました。「これはアリさん！」「これはおうちだよ」と形を組み合わせ、身近なものに見立てて楽しんでいました。

教えて！工作マエストロ

第19回

輪ゴムを使った作品の紹介です。普段は袋などの口をとめるのに使うなど身近な材料のひとつ。伸び縮みする弾力を生かして何かをとばしたり、はじいて音を出したりもできます。バネの代わりに使ってゆらゆら揺らすこともできます。

輪ゴムの楽しみ方を知っていろいろ試してみてください。

ゆらゆら！ パコパコ！ 輪ゴムで動く玩具

室内であそぶことが多くなる季節だね。簡単に作れる玩具を考えているんだけど……。

そうだね。身近にある材料だといつでも作れるし……。あっマエストロ！こんにちは。

きょうもよろしくお願いします！

やぁ、こんにちは。きょうは輪ゴムを使っていろいろ作ってみよう。

じゃあ、この玩具を見てごらん。

輪ゴムを伸ばしてはじくと音がするよね。引っぱり具合によって音階も変わるよ。

まず弾力があるから何かを引っかけてとばすという使い方があるね。

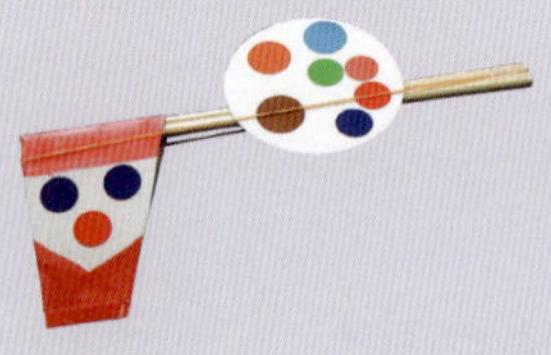

作品／黒須和清　写真／島田　聡

わぁ〜かわいいワンちゃん。あっ、振ると首が揺れますね。

こっちはクラゲ！　頭にアンテナが立っているのは宇宙人？　これも首が揺れるんですね。

頭をぽんぽん叩いてごらん。

おや？　少しずつ動きますね。何か不思議な音もする！

そう、これらは輪ゴムをバネのように使った動く玩具。では作り方を見てみよう！
　まず首振りワンちゃん。これはふたつの紙コップを輪ゴム一本でつないであるんだ。
　輪ゴムを紙コップのふちに取りつけるのは、セロハンテープがいいよ。

[首振りワンちゃんの作り方]

1.

輪ゴムを紙コップのふちにセロハンテープでつけて、そのまま引っぱって反対側につける。
このときセロハンテープを長めに切ってはりつけると、はがれにくい。

2.

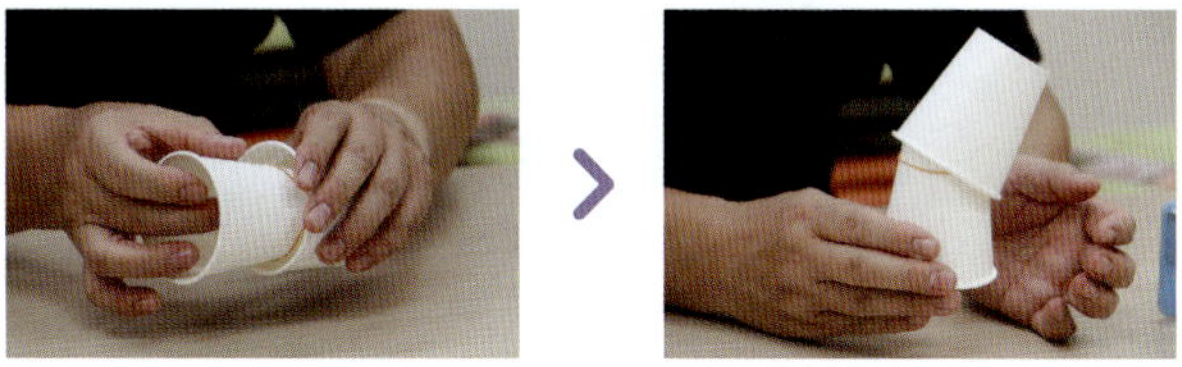

1.に別の紙コップを挟むだけ。紙コップがとばないように、輪ゴムとさし込んだ紙コップをセロハンテープでとめておこう。

これで首振りワンちゃんのできあがり。

次はクラゲの作り方。ワンちゃんの違うところがわかるかな？

あっ今度は輪ゴムが二本はってある！　十文字にはるんですか？

そう。それがポイント。最初にはった輪ゴムは揺れるための輪ゴム。輪ゴムの真ん中の四角に紙コップをはめこんで先にはった輪ゴムの両側をセロハンテープでとめる。

ワンちゃんと同じですね。

そう、で、もう一本の、あとにはった輪ゴムはとめないんだ。これは音を出すための輪ゴム。頭を押さえたときにこの輪ゴムが紙コップの脇でこすれて音

[クラゲの作り方]

1.

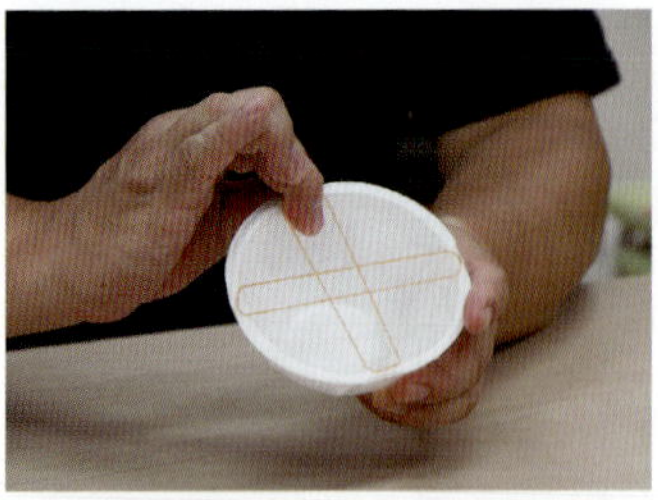

カップ麺の空き容器に輪ゴムを二本直角にはる。

2.

①1.の真ん中に紙コップを挟む。

②1本の輪ゴムだけに、挟んだ紙コップの両脇をセロハンテープでとめる。

3.

紙コップに切り込みを入れて足を作る。

詳しい作品の作り方は動画で見られます

※動画共有サイト YouTube のページに接続します。

が出るんだよ。

紙コップに響くからよく聞こえるね。

さて次はクラゲ。これは動くよ。クラゲが動く仕組みは、輪ゴムの力ではなくじつは切り込みを入れて作ったたくさんの足の弾力なんだ。しっかり折り広げないほうがよく弾むよ。

どっちへ動くかわからないところが面白いですね!!

輪ゴムの面白い性質を生かして、とばしたり、揺らしたり、音を楽しんだり……。面白い玩具を作ってみてください。

保育士さんの「やってみました！」

輪ゴムで弦楽器

輪ゴムを使い、音が鳴る玩具を製作しました。**輪ゴムで弾き、音を出してあそぶもので、乳児クラスでも楽しめる玩具です。**材料は輪ゴム、セロハンテープ、カップ麺の空き容器やステンレス製のボウル、ペットボトルなどさまざまな形、素材の容器を用意しました。これらの容器にセロハンテープでしっかりと輪ゴムがピンとはるように取りつけ、装飾をして完成です。

１歳の子どもたちは、「音がする！」「ビヨーン！」といいながら夢中で音を鳴らして楽しむ姿が見られました。容器によって音の違いも楽しめ、弦楽器の演奏会のようで面白かったです。

3、2、1　GO!

割りばしと輪ゴムを使って、紙飛行機をとばす鉄砲を作りました。子どもでも持ちやすくするために、鉄砲の持ち手はボール紙の間にスポンジを挟みました。スポンジを挟むことで力を入れて持っても取っ手の形が崩れることなく、あそぶことができました。紙飛行機はゴムの力に負けないように、画用紙で作りました。後方をテープで補強しています。**紙飛行機の折り方によってとび方も変わるのでとても面白いです。**

２歳児クラスであそびました。まず、とばすところを見せると「わぁ！　とんだ～！」「やりた～い！」と大盛り上がりでした。保育士が手を添えて子どもととばしてみると「できた！今度はひとりでやる！」と夢中であそんでいました。ひとりでゴムをかけたり外したりするのが少しむずかしそうな子どももいたので、つかみやすいように取っ手をつけてもいいなと思いました。

教えて！工作マエストロ

第20回

ストローを使ってクリスマスリースや竹とんぼ作りに挑戦です。ストローには大きく分けて、曲がるストローと曲がらないストローがあります。丈夫で軽く、またいつでも準備できる身近な物。ちょっとした工夫で、いろいろな玩具作りに活用できます。子どもたちと一緒に作って楽しもう！

ストローで簡単！ クリスマスリース！

もうすぐ待ちに待ったクリスマス会だね！

ほんとだね！ 子どもたちも歌を歌ったり、踊ったりと盛り上がってるね！

あっ、マエストロ！ こんにちは。

こんにちは。早いものでもうすぐクリスマスだね。そこで、こんな作品を持ってきたよ！

わぁ～！ 可愛い！ 星形のはクリスマスツリーの飾りですか？

うん、ツリーに飾ってもいいけど、これは星形のクリスマスリース。普通は木のつるなんかで輪を作るけど、これは曲がるストローで星形にしてあるんだ。

ところで、ストローって大きく分けると二種類あるよね？

作品／黒須和清　写真／島田 聡

曲がるストローと曲がらないストローですか？

そう。曲がらないストローを五本つないで星形にするのは形を整えるのがたいへんだけど、曲がるストローなら簡単に、しかもきれいにできるんだよ。

子どもたちでも簡単にできますか？

うん。それでは作り方を紹介しよう。まず曲がるストローを五本用意する。これをセロハンテープでつないでいくよ。

　このとき曲げてできた長いほうと短いほうの向きをそろえて、長いほうに短いほうをつなぐようにしていく。

　五本つないでから、曲がる所を曲げていくと星の形になるよ。両端をつなぐとできあがり。

そうか！　ストローの曲がる所が、星のとんがりになるのできれいですね。

［クリスマスリースの作り方］

①曲がるストローを同じ向きで5本つなぎます。

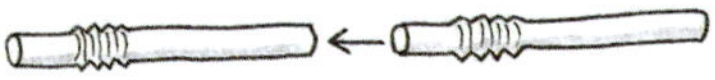

少し切り込みを入れてさし込むといいよ。

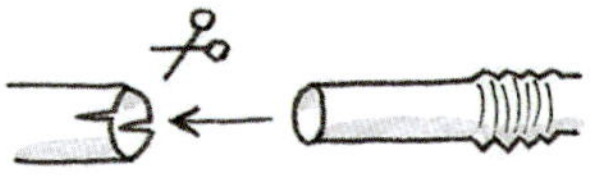

セロハンテープで巻いてとめます。

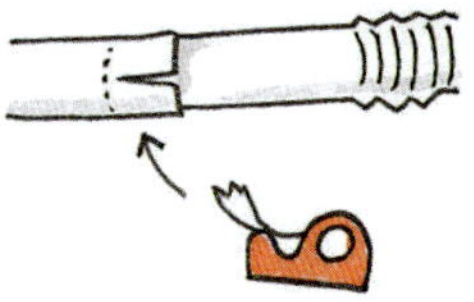

②曲げて星形にします。

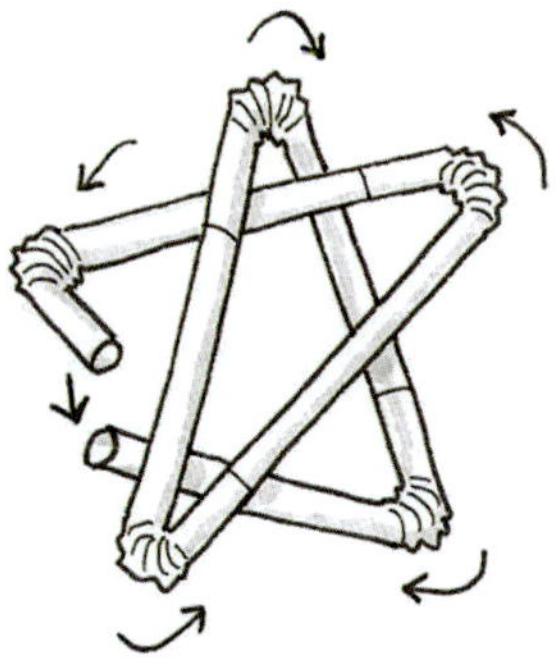

③モールで間をとめて固定し、飾りをつけます。

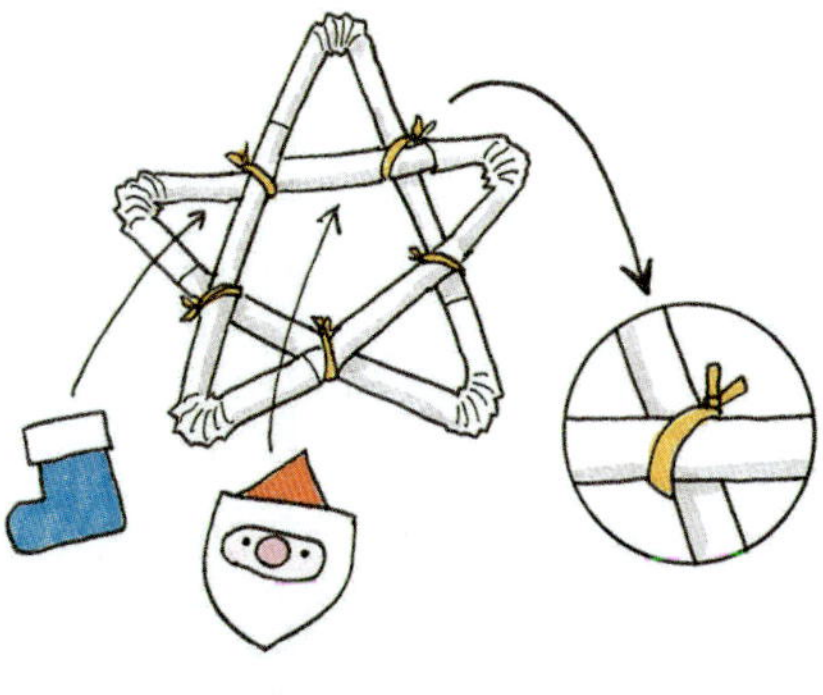

詳しい作品の作り方は動画で見られます

※動画共有サイトYouTubeのページに接続します。

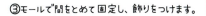

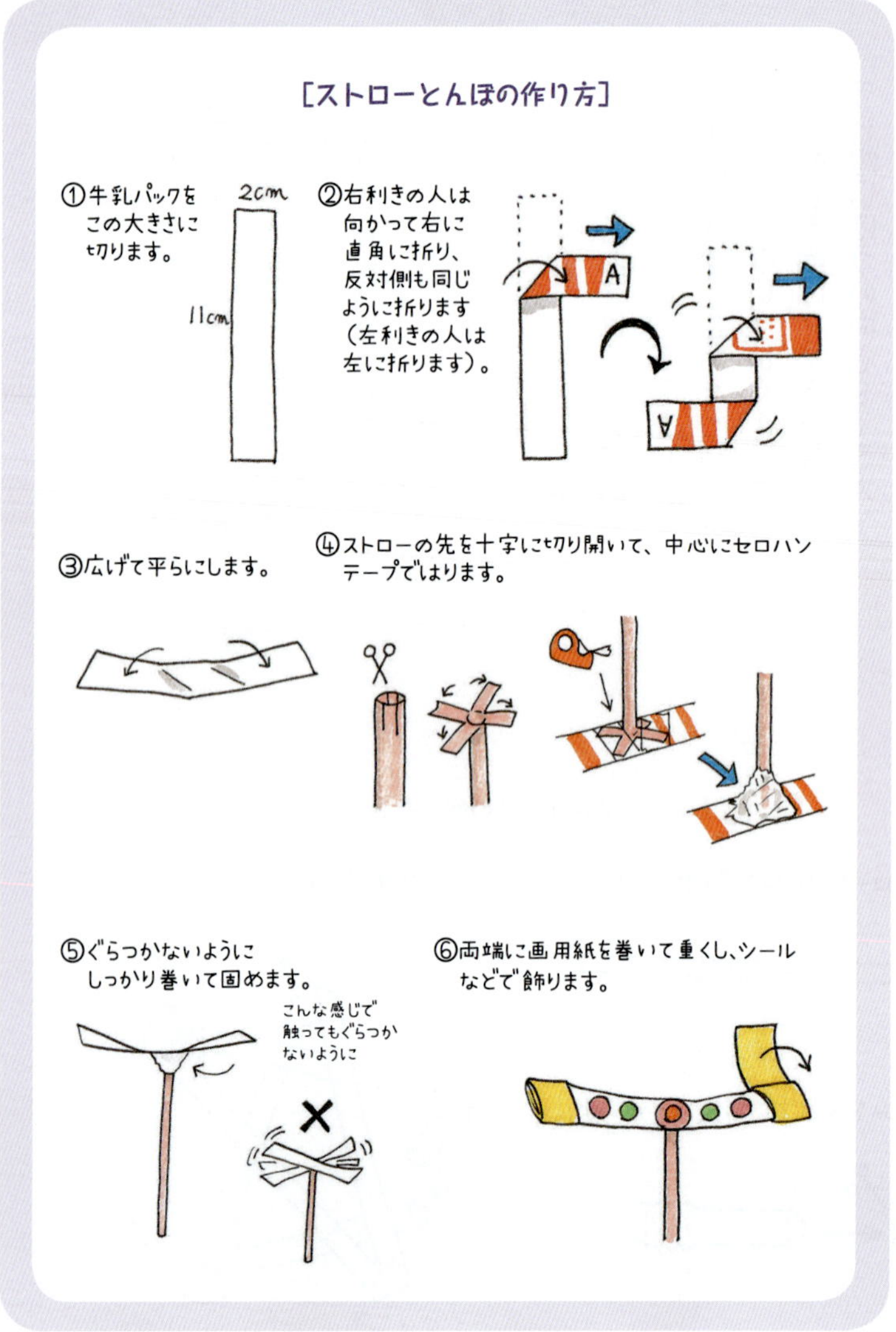
[ストローとんぼの作り方]
①牛乳パックをこの大きさに切ります。
2cm
11cm
②右利きの人は向かって右に直角に折り、反対側も同じように折ります（左利きの人は左に折ります）。
A
③広げて平らにします。
④ストローの先を十字に切り開いて、中心にセロハンテープではります。
⑤ぐらつかないようにしっかり巻いて固めます。
こんな感じで触ってもぐらつかないように
⑥両端に画用紙を巻いて重くし、シールなどで飾ります。

82ページのリースの前にあるのは竹とんぼですか？

そう。でも竹ではなくてストローとんぼ。軸になるストローは竹の棒より軽く、筒になっているし、羽根の所の牛乳パックは、軽くてコシがあるから丈夫なんだ。軽くて風に負けない丈夫さ、これがよくとぶ秘訣《ひけつ》だよ。

羽根と軸はセロハンテープでつないでいるんですね。

そう。ストローの先を十字に切り開き、羽根の中心にセロハンテープでしっかりとめる。ここがぐらぐらすると風に負けてとばないから、指で触ってもぐらぐらしないように、セロハンテープをたくさん巻いて粘土のように固めてしっかりはることがポイントだよ。

うわぁ～！　ふわっととんだ、とんだ！

このままでもいいんだけど、もっと長くとぶために、羽根の所にひと工夫してあるんだけど、何だかわかるかな？

う～ん。羽根の両端にだけ紙が巻きつけてありますね。

そう。羽根の両端を重くすることで、遠心力が増し、安定してとぶ時間が長くなるんだよ。

なるほど、さっきより長くとびますね！　これなら子どもたちも大喜びです！

軽くて丈夫なストローの特徴を生かして、いろんな作品を作ってみてください。

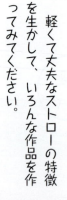

保育士さんの「やってみました！」

クリスマスオーナメント

曲がるストローを使い、クリスマスシーズンにぴったりなオーナメントを製作しました。ストローにはさみで切り込みを入れ、さし込んでつなげていき、セロハンテープで固定します。形は星形・三角形・三角形をふたつ組み合わせた雪の結晶を作りました。**カラーセロハンをはりつけることで、ぶらさげて光が当たったときにキラキラ光ります。**それに、モールなどで飾りつけをして完成です。

ぶらさげるオーナメントなのでくるくると動いたりキラキラしたりと、子どもたちは見ているだけで楽しくなるようでした。今度は小さい星や三角形をたくさん作り、縦につなげたオーナメントを作ってみようと思いました。

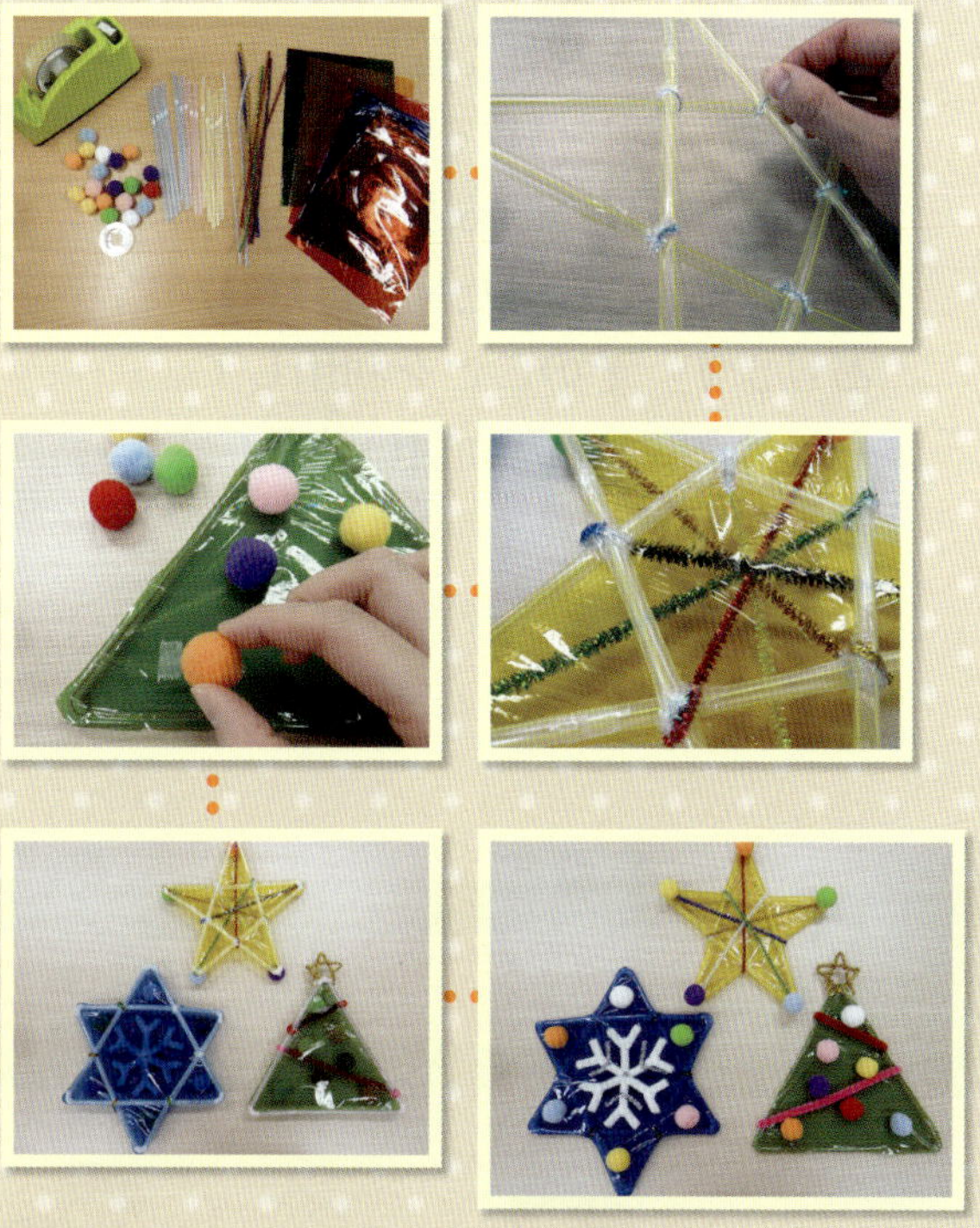

ストローとんぼ

ストローとんぼを作りました。曲がるストローを使用したので、曲がる部分は切り取りました。牛乳パックを折る方向さえ間違えなければ作り方は簡単なので、年中長クラスなら自分たちで作って楽しめると思います。重りとして両端に画用紙を巻きつけてはりました。**重りをつけたほうがよくとびます。**

実際に２歳児クラスであそびました。手を添えてとばし方を伝えていくと、中・高月齢児はひとりでもとばせるようになりました。持つときに力が入りストローがつぶれたり、ねじ曲がったりしたので、ビニールテープを巻いて頑丈にしました。重すぎるととばないので、丈夫かつ軽さが重要です。とぶストローとんぼを見て「とんだ！　キラキラきれい！」「やりたーい！」と盛り上がり楽しめました。

教えて！工作マエストロ

第21回

磁石を使った動く玩具作りに挑戦です。磁石には鉄をくっつける、磁石同士を近づけると、くっついたり、反発し合ったりする性質があります。そのことを利用して、ちょっと変わった面白い動きを楽しみましょう！

磁石を使った不思議な動く玩具

この前クラスで、磁石を使った魚釣りゲームをしてあそんだんだけど、ほかにも発展させられないかなって思って……。

そうだね。クリップやモールをくっつけたりできるけど、ほかにも何か作れそうだよね？

あっマエストロ！ こんにちは！ きょうもよろしくお願いします。

やぁ、こんにちは。そう思って磁石の玩具を作ってきたよ。

ところで、磁石にはどんな性質があるか知っているかな？

鉄に近づけるとくっつきます。それから、磁石同士を近づけようとすると、反発し合ったり、くっついたりします。

作品・イラスト／黒須和清　写真／島田 聡

そうだね。磁石にはS極とN極があって同じ極同士だと反発するし、違う極同士はくっつくよね。じゃあ、まずこの玩具を見てごらん。
黒板用マグネットを逆さにして剣道をしているうさぎをつけて、トレーの上に置くよ。
トレーの下に別のマグネットを入れて動かすと……。

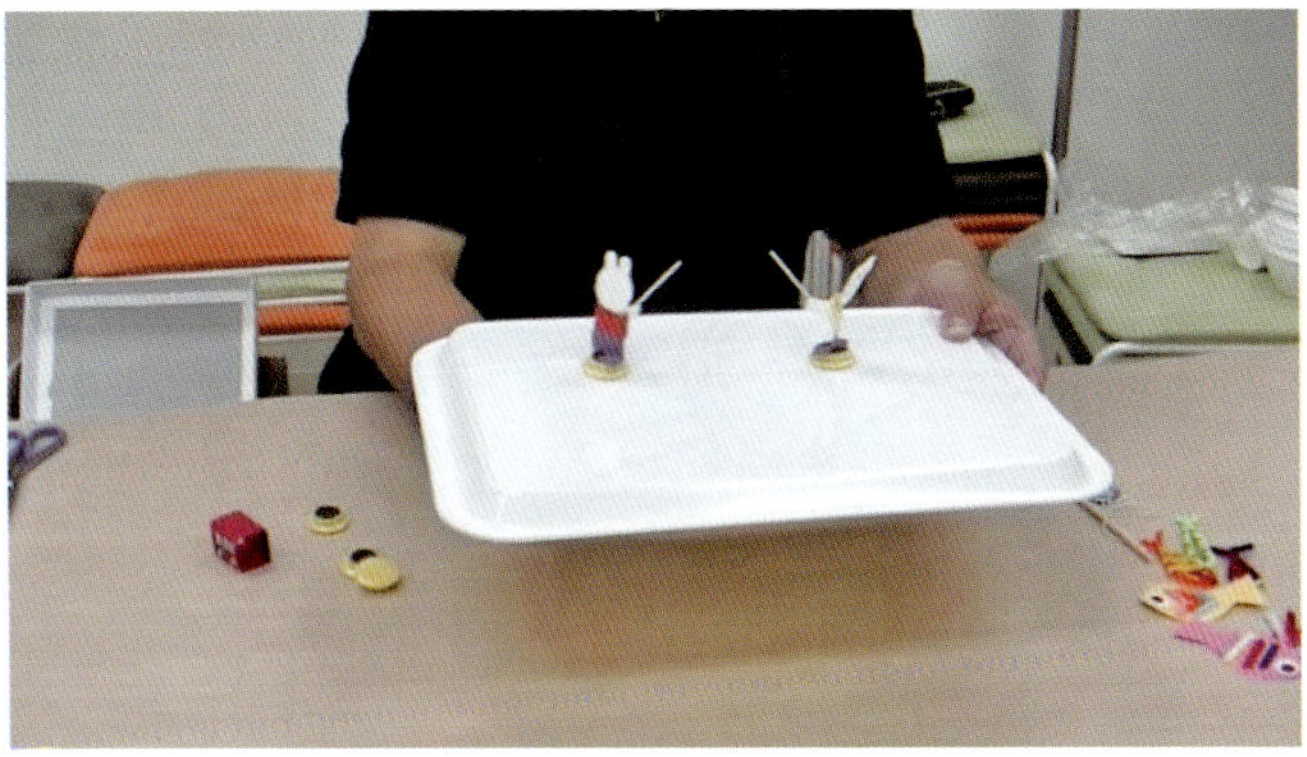

あっ！ くっついて動きますね！ くるくる回っている！

うん。くるくる回る理由は黒板用マグネットだからだよ。プラスチックの球面の一点だけがトレーに接しているよね。だからこまのように回るんだ。平らな磁石だとこんなふうには回らないよ。

回りながら剣道の試合をしているみたいで面白いですね！

じゃあ今度はトレーの下からではなく、上で動かしてみるよ。

割りばしに磁石をつけて動かすんですか？ でも、それだと近づけるとくっついたりしませんか？

じゃあ動かしてみるよ。こうやって近づけていくと……。

わぁ回った！ 回りながら逃げていきますね。

なるほどこの割りばしを近づけていくと……あれ？ うまく回らない。

くるくるよく回るには近づける角度がポイントなんだ。

上から近づけてもだめだし、水平で近づけていくとくっついてのってしまう。

磁石を縦にして近づけていくと……。

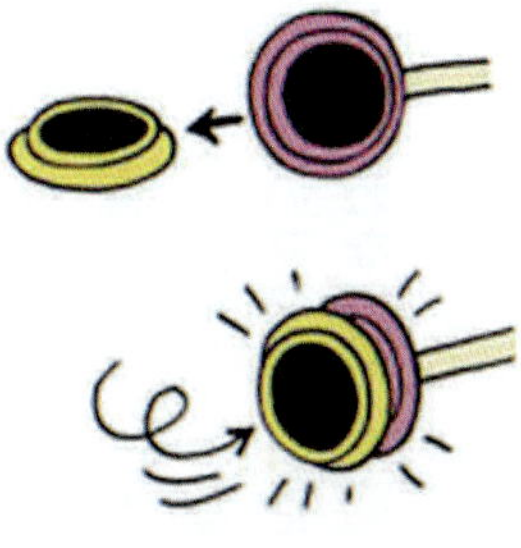

あっ。くるっと回ってくっついちゃった！

ポイントは45度傾けること。そのままマグネットの中心に向けて近づけていってごらん。

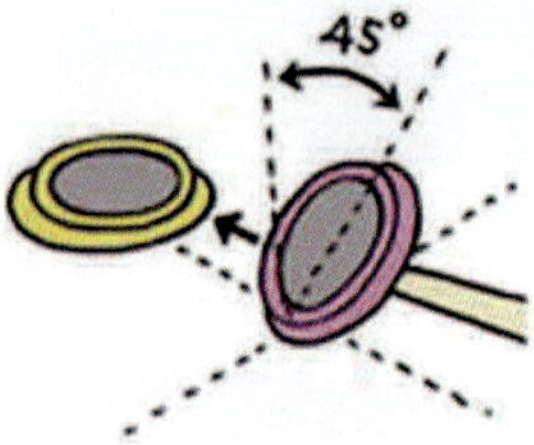

あー回った、回った！ 逃げて行く、逃げて行く！

直角の半分の45度。この角度がちょうど逃げようとする力と、くっつこうとする力が同じくらいの強さになるから、それが回転運動になるんだよ。

ちょっと練習が必要ですね。

そう、角度が少しでも違うともう全然回らない。それから、傾きを逆向きに45度にすると逆回転するんだよ。

磁石に割りばしをつけると、どうしても上から斜めに近づけようとしてしまうので、磁石をつまんで近づけていくやり方のほうが子どもたちにはわかりやすいかもしれないね。

わかりました！

それから黒板用マグネットを買うときの注意点。文房具屋に一〇個ぐらいずつパックに入って売っているよね。そうすると全部くっついている。

はい、それを引きはがしながら買いますよね。

そう、そういう磁石ならS極とN極があるから大丈夫。でも最近はくっついてないものがあるんだ。

鉄にはくっつくけど磁石同士はくっつかないようになっている。わかりやすくいうと、小さな磁石の粒をS極とN極の向きを揃えずそのまま固めたようなものなんだ。そのマグネットだとこの玩具は作れないよ。

そうなんですね。くっついて売っている物を買えばいいということですね。

そう。ふたつの極がある磁石の性質から生まれる面白い動きを、みんなでいろいろ体験してみてください。

詳しい作品の作り方動画で見られます

※動画共有サイトYouTubeのページに接続します。

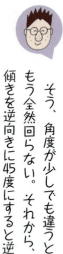

保育士さんの「やってみました！」

トイレ行けるかな？

磁石を使い、**くっつく性質を活かした仕かけ**によってかわいい動きをする作品を製作しました。黒板用磁石の裏側に画用紙で作ったうさぎとぞうを両面テープではりつけます。割りばしにも、黒板用磁石の裏側が上にくるように両面テープではりつけます。四角い箱に紙コップで作ったトイレをセロハンテープで固定し、うさぎとぞうをセットしたら完成です。

トイレトレーニングをしている子どもたちが少しでも楽しくトイレに行けるようにという思いを込めて製作しました。うさぎとぞうを動かすときは、「うさぎさんトイレ行けるかな～？」「トイレ行けたらかっこいいね！」など声かけしながら、子どもたちの反応を見て、動かすようにします。子どもたちは、トイレに近づいたり、遠ざかったりする姿を夢中で見ていました。トイレに行けたあとは、画用紙をひっくり返し、笑顔になるようにしました。

ぐるぐるコーヒーカップ

遊園地にあるコーヒーカップをイメージして作りました。**磁石でくるくる回る仕組み**がイメージにぴったり合いました。カップはプラスチック製のコーヒーカップを使用しました。人形をモールで作ったので磁石が反応してしまい、回り方が悪くなってしまいました。紙などで人形を作るとよく回ると思います。

実際に2歳児クラスであそんでみました。棒を近づけて見せると、「えー！　なんでぐるぐるするのー⁉」「目がぐるぐるしちゃうね～」と興味津々でした。やり方を伝えると「やってみる！」と楽しんであそぶことができました。しばらくあそんでいると、「じゃあ、落ちたら負けね！」と自分たちで机から落ちたほうが負けというルールを作って、大盛り上がりでした！

教えて！工作マエストロ

第22回

キッチンで使うアルミホイルも工作のいい材料になります。細かいしわをつけると、ピカピカがキラキラの輝きになり、ちょっとゴージャスな作品が作れます。同じくアルミの製品で冷凍バッグに使われる「断熱シート」も100円ショップなどで手軽に購入できるようになりました。それを使った工作も紹介します。

アルミホイルでキラキラ光る玩具を作ってみよう！

もうすぐ作品展だね。何を作るかもう決まった？

ううん。身近な物を使って作りたいと思っているんだけど、なかなかいいアイデアが浮かばなくて……。

やぁ、こんにちは。作品展が近づいていると聞いて、こんな作品を作ってきたよ。

わぁ～。ステンドグラスですか？

キラキラしてとってもきれい！

材料はボール紙とセロハンとカラーサインペン。それから輝いている秘密はアルミホイルなんだよ。

えっ！　アルミホイルなんですか？

そう、色つきガラスを使わなくても安い材料ばかりで、ゴージャスに見えるんだ。まず作りたい大きさの厚紙を用意して、上にセロハンを乗せてなぞろう。

作品・イラスト／黒須和清　写真／島田　聡

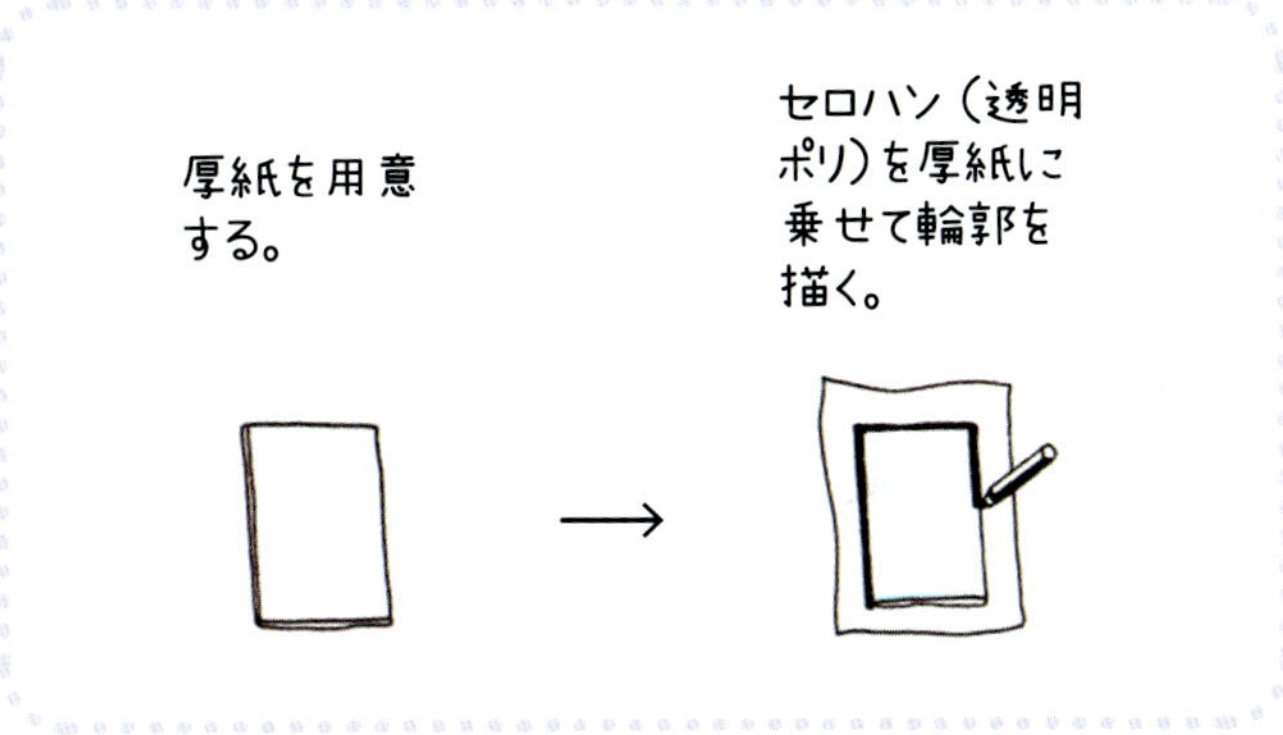
厚紙を用意する。
セロハン（透明ポリ）を厚紙に乗せて輪郭を描く。

厚紙ですか?

そう、ボール紙のような厚い紙。わざわざ買わなくても空き箱やダンボールでも構わないよ。

紙コップのもありますね。

うん。紙コップで作るときは、紙コップを切り開いてから、その上にセロハンを置いて形をなぞるといいよ。
次にこの厚紙をアルミホイルで包むよ。

きれいに包むんですね。

いや、ピンとはったらだめ。細かいしわをつけることが、キラキラする秘密なんだ。

なるほど。じゃあ紙のときと同じように、くしゃくしゃに丸めて……。

ちょっと待って! アルミホイルは紙のように見えるけど、じつは金属。いったん丸めたら固まって開けなくなってしまうよ。

どのようにすればいいんでしょうか?

うん、ただ何となく指先で触っていればいいよ。手のひらに乗せて指先で軽く叩く感じかな。そうすればしぜんにしわが寄っていくよ。

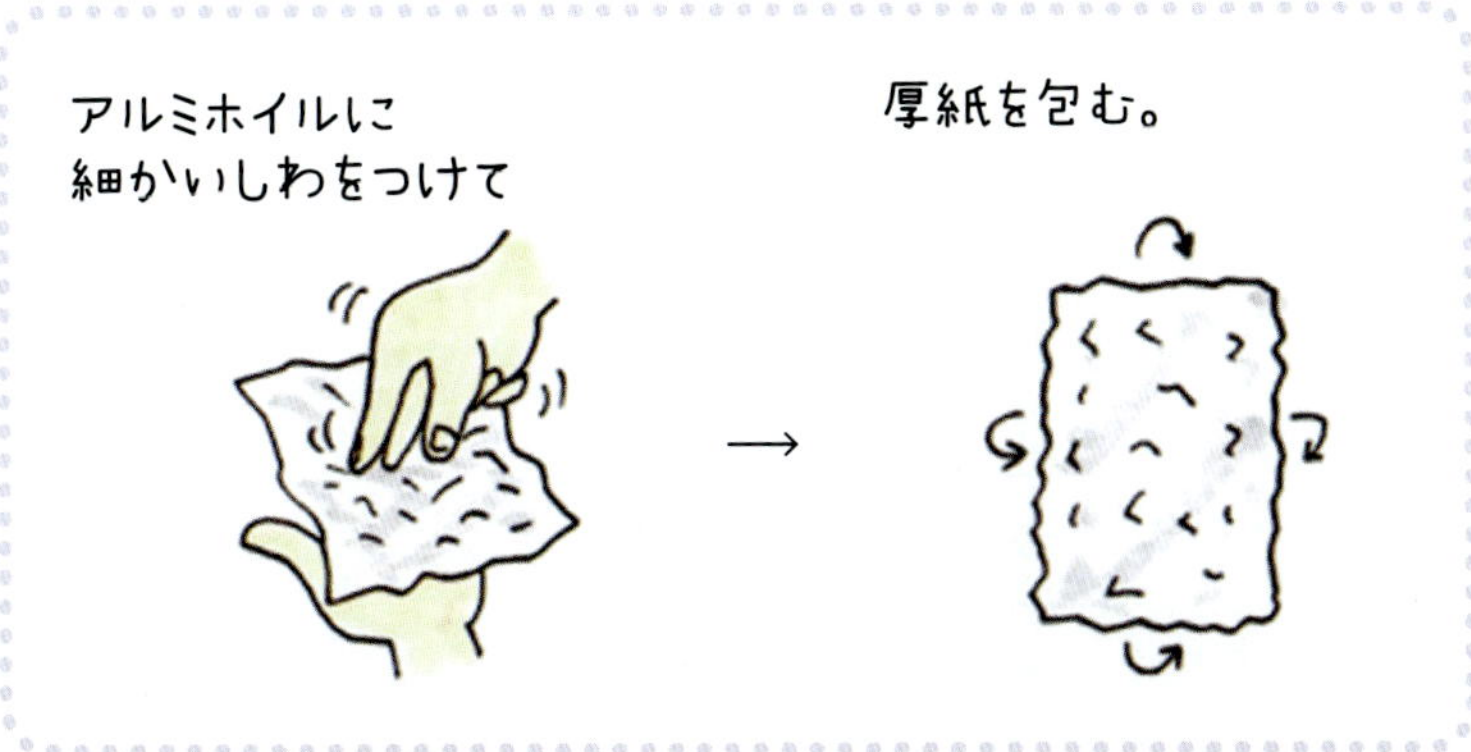
アルミホイルに細かいしわをつけて
厚紙を包む。

あ、ほんとだ!

次は透明なセロハンのなぞった枠の中に、黒サインペンで絵を描く。裏返して色を塗ったあと、アルミホイルで包んだ厚紙にかぶせれば完成だよ。好きなキャラクターの絵の上に乗せてなぞって描けば、簡単にできるね。

①黒のサインペンで絵を描く。
②裏返して色を裏から塗る。
③絵を描いたセロハンをかぶせる。
④裏をセロハンテープでとめたらできあがり。
詳しい作り方は動画で見られます

※動画共有サイト YouTube のページに接続します。

もうひとつ、アルミの素材でこんな物があるのを知っているかな？

あ、えーと確か断熱シートで、冷凍食品を入れる袋とかに使われる物です！

そう。薄いスチロールに、でこぼこしたアルミがはってある。一〇〇円ショップにシートで売っているよ。そこで、こんな物を作ってみたよ。

わあ！ ティアラですね。キラキラしていてとてもきれい！

はさみやカッターナイフで簡単に切れるし、両面テープで簡単にはれる。表面のでこぼこがキラキラ輝いて、ビーズで作ったように見えるよね。

これは劇あそびで使えますね。

うん。弾力があるからぶつかっても折れたりしないし、とがったところが当たっても痛くないのがいいよね。

アルミホイルは身近にある金属光沢の材料。サインペンなどの透明な色との組み合わせで、高級感や宝石感が出せるからぜひ試してみてください。

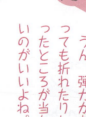

保育士さんの「やってみました！」

キラキラひな祭り

　アルミホイルを使い、**ステンドグラス風のひな祭りの絵パネルを製作しました。**大きいサイズの透明のラッピング袋を使用し、型紙に合わせて四角い形を縁取った中にひな祭りの絵を描きます。黒いペンで下書きをし、色を塗る際はラッピング袋を裏返しにします。こうすることで、黒いペンで書いたところがにじまず、きれいに塗ることができました。ひな祭りということで、和柄の折り紙を一部分に取り入れてみました。

　キラキラ光るおだいり様とおひな様に「きれーい！」「どうやって作るのー？」と興味津々の子どもたちでした。アルミホイルに乗せることで描いた絵がキラキラと鮮やかになるので、お遊戯会などの行事に活用していきたいと思います。

がんばったねメダル

　子どもたちの**「がんばった表」を作ってみました。**2歳児クラス21人（5グループ）で普段使っているグループごとのマークに分けました。玩具の片づけをがんばれたとき、トイレで排泄できたときなどマークの欄にメダルをはりつけます。透明テープで覆った表に両面テープをつけておくことで、何度も簡単につけたりはずしたりできるようにしました。

　活動の合間のちょっとした時間に友だちの前でメダルを見せながらがんばれたことを発表しました。友だちと「かっこいいね！　すごいね！」とほめ合い、「またがんばる！　次は青のメダルがいい！」など意気込む子もいました。子どもの見えるところに表を置いておくと、「キラキラしてる～」と目を輝かせていました。

教えて！工作マエストロ

第23回

塩化ビニール板、通称塩ビ板と呼ばれているプラスチック。表面がツルツルしていてセロハンテープとの相性もよく、光が当たるとピカピカと反射します。

また、弾力もあるのでバネの代わりにも使えるなど、工夫しだいでいろいろな玩具が作れます。今回はちょっと懐かしい玩具作りに挑戦してみました。

万華鏡とぴょんぴょん人形を作ってみよう！

この前、地域のボランティアのかたが持ってきてくれたこまや、けんだまなどであそんだとき、万華鏡をみんな不思議そうにのぞいて見ていたね。

そうだったね。オリジナルの万華鏡を作ってみたいなとも思うけど、鏡が必要だよね？ そうなると、準備がたいへんかな……。

やぁ、こんにちは。きょうはちょっと懐かしい玩具を作ってきたよ。

あっ！ 一番奥のは万華鏡ですね。でも鏡がないと作れないのでは？

じつはこれでできているんだ。

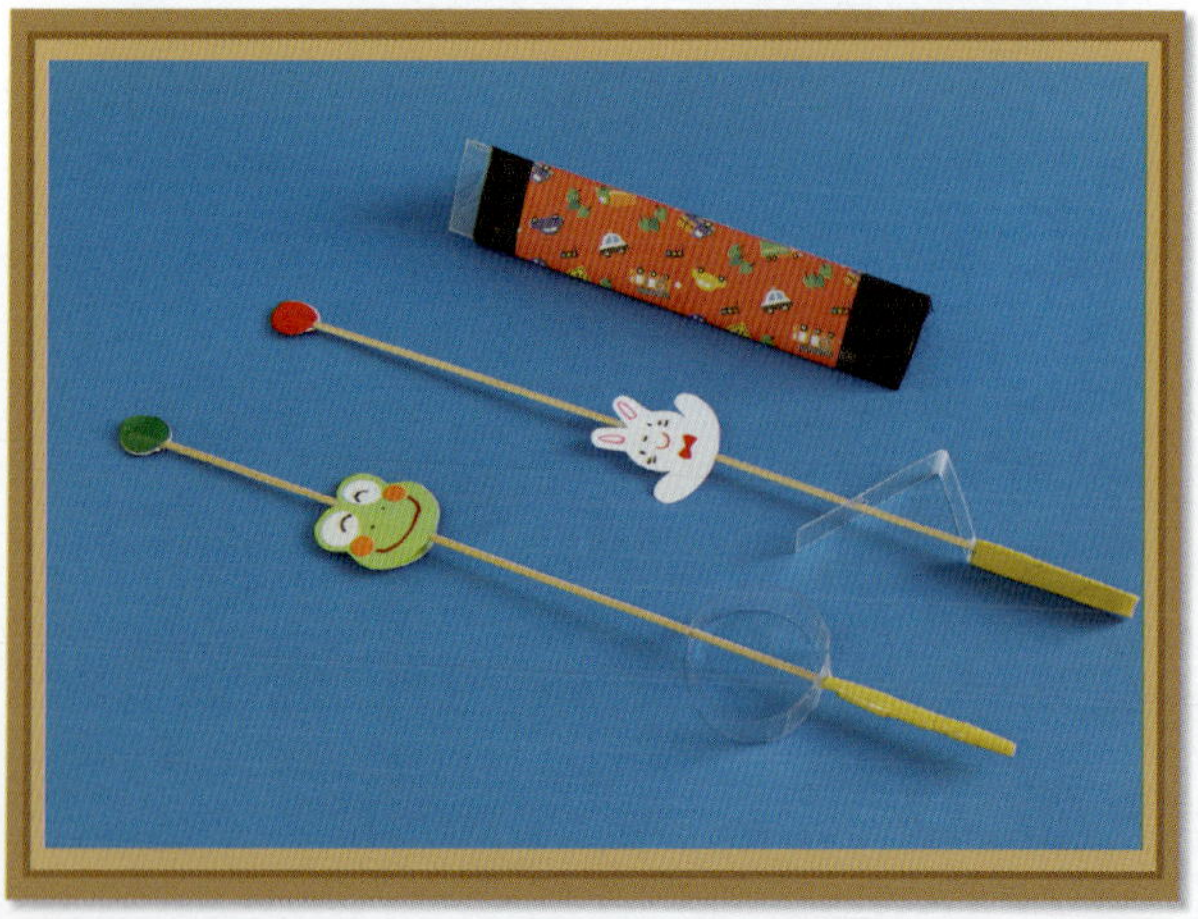

作品・イラスト／黒須和清　写真／島田　聡

えっ！ 透明の下敷きですか？

そう。これは、塩化ビニール板、通称塩ビ板と呼んでいるプラスチックだよ。ではさっそく作ってみよう。

下敷きを細長く三枚に切り、セロハンテープでつないで、三角の筒を作っていくよ。下敷きはちょっと厚みがあって、はさみだと切りにくいから、カッターナイフを使って切ろう。ここで、塩ビ板の切り方のコツを教えよう！

定規を使って、カッターナイフで2〜3回切って筋をつける。

筋がついたら筋を広げるように折り曲げ、次に反対側に曲げると、パキッと割れる。

あっ、本当だ。ポキンと簡単に折れるんですね。

そう。だから最後までカッターナイフで切らなくても、筋が入っていれば大丈夫。塩ビ板は表面がツルツルしていて、セロハンテープとの相性がいいから、よくくっつくよ。

わかりました！

さて、この筒をのぞいてみてごらん。

う〜ん、少し景色は映っていますけど……。

では、今度は黒い紙をまわりに巻いてのぞいてみて！

あ！ まわりの景色がはっきり映りました！ 鏡みたいですね。

そう、電車に乗って向かいのガラス窓の景色を見ているときに、トンネルに入って外が暗くなったら自分の顔が映るよね。透明なツルツルした板の後ろを黒くすると、鏡になるんだよ。

なるほど。景色だけでなく、先にビーズを入れるところを作れば、売ってる万華鏡みたいになりますね。

次は塩ビ板の弾力を生かした玩具。この細長い塩ビ板を、指先で弾いてごらん！

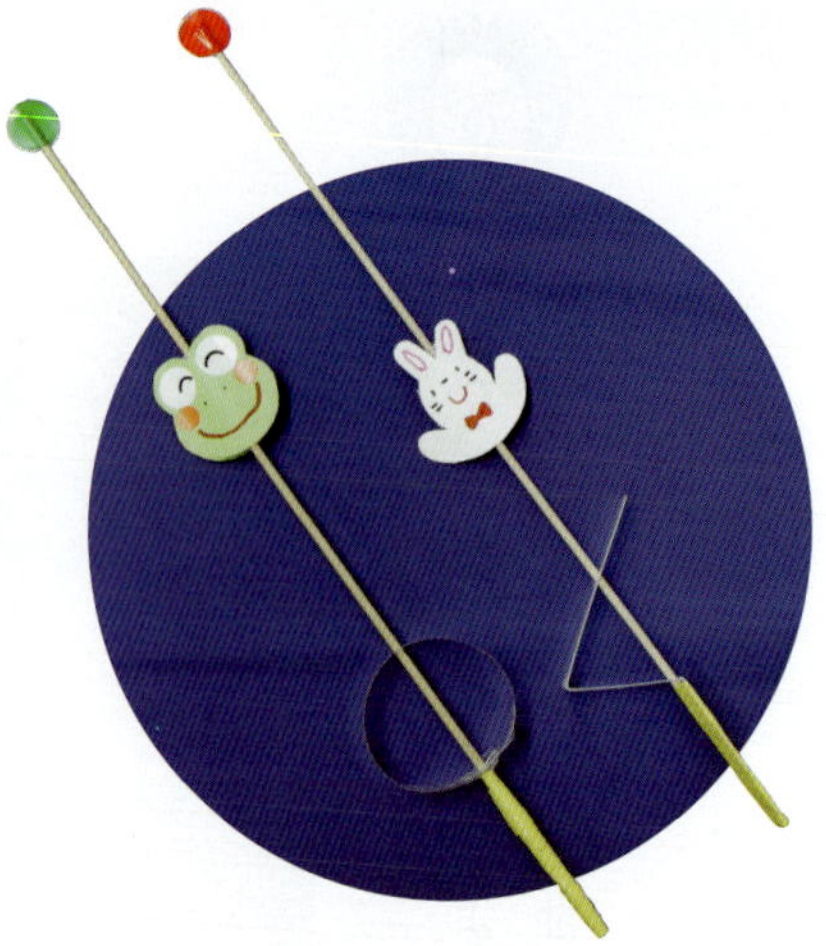

わぁ、うさぎがぴょんぴょん跳ねますね。

弾くところが輪っかになっているほうは、輪っかの上の部分を押すように弾いてごらん。

あ、カエルがぴょんぴょん！ 面白〜い！

昔は竹のバネで作ったんだ。曲げるときは、カッターナイフで筋をつけてはだめ！ 折れてしまうよ。そのままゆっくり曲げていこう。カードケースなど、少し薄手の塩ビ板を使えば、穴が開けやすいよ。作り方を詳しく見てみよう。

下敷きが、鏡や竹の代わりになるとは思わなかったね。

さっそく作ってみます！

[ぴょんぴょん人形の作り方]

<タイプ1>

①20cmぐらいの塩ビ板の矢印のところにパンチで穴を開けます。

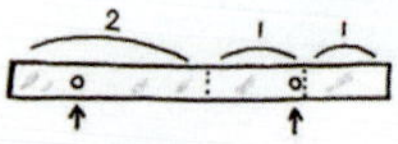

②こんな形に曲げて

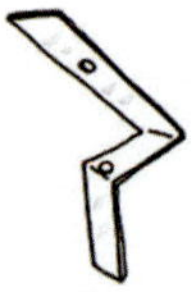

③竹ひごを通してセロハンテープでとめ、下に色画用紙を巻いてはります。

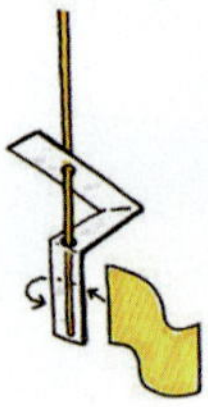

④中心にストローを短く切ってはり、上からはり合わせます。

<タイプ2>

①矢印のところにパンチで穴を開けます。

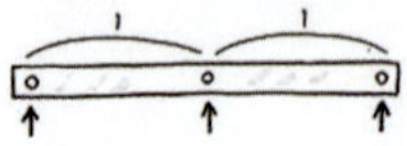

②丸めて両端の穴を重ねてセロハンテープで固定します。

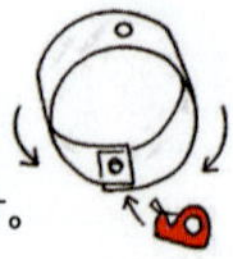

③竹ひごの下に色画用紙を巻いてはります。

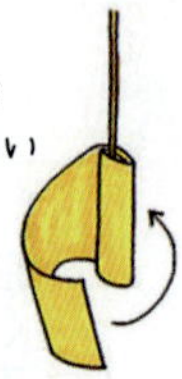

④②を通してセロハンテープで固定します。

詳しい作り方は動画で見られます

※動画共有サイト YouTube のページに接続します。

保育士さんの「やってみました！」

ぴょんぴょんカエル

透明のカードケースをバネとして使用し、カエルがぴょんぴょんとかわいく跳ねる玩具を製作しました。画用紙でカエルを作り、間にはすべりやすくするため、ストローをはさんでテープで固定します。細長く切ったカードケースを輪にして、パンチやキリなどで穴を開けます。ポイントは、通す竹串の太さより余裕をもって穴を大きく開けることです。あとは竹串に通して完成です。

バネを強く弾くと、ぴょーんとカエルが跳ぶので、子どもたちは大喜びで繰り返しあそんでいました。簡単な仕かけなのでみんなで楽しめる玩具です。

なにが見えるかな？

のぞくと景色が映る万華鏡を作りました。仕組みはとても簡単でしたが、カッターナイフを使った細かい作業が多いので、保育士が作った作品を順番にのぞいて楽しみました。２歳児クラスであそびました。縁が当たると危険なので、必ず保育士と一緒に持つことを約束して、いろいろな場所を見てみました。片目をつぶるのがむずかしい子もたくさんいたので、手で片目を隠すと、のぞいた景色もきれいに見ることができました。のぞくと「お友だちの顔がいっぱいある～‼」「なんで～？面白ーい！」とまわりを見渡していました。室内だけでなく、戸外活動のときに探索隊ごっこなどで楽しむのもいいなと思いました。不思議さに気づける幼児クラスのほうが、より楽しめると思います。

教えて！工作マエストロ

第24回

　ペットボトルを使った作品の紹介です。ペットボトルは入れ物なので、水あそびや砂あそびで使ったりしますが、今回はそれ以外の使い方を考えてみました。工作に必要なペットボトルの切り方のコツもお伝えします。

何になるかな？　ペットボトルで楽しもう！

どんどんたまっていくペットボトル。これで何か作れないかな？

そうだよね。結局リサイクルに出すことが多いもんね。

あっ、マエストロ！きょうもよろしくお願いします。

　こんにちは。今回はペットボトルの利用法だよ。水あそびや砂あそびで入れ物として使うのはよくやるけど、たとえば楽器として使うとしたら、どうすればいいかな？

中に豆などを入れて、振って音を出すマラカスができます。

　豆のほかに、小石やお米や鈴などを入れるといろいろな音が楽しめるよ。

吹くとボーッと音が出る笛にもなるね。

　そうだね。ペットボトルの口の横に下唇を当ててまっすぐ前に吹くといい音が出る。形が違うと音も違うから音階も作れるよ。ほかには？

うーん？

　では左上の写真を見てごらん。

右側のは底を切り取って、ぐるりと切り込みを入れてありますが……。

　ボトルの口のほうを持って反対側の手の平を叩いて見てごらん。

作品・イラスト／黒須和清　写真／島田　聡

あっ、ばんばんといい音がしますね。

運動会の応援に使えるね。でもペットボトルって堅くて切るのがたいへんじゃないですか？

うん。むずかしそうだけどちょっとしたコツで簡単に切ることができるんだよ。最初は底を切り取るよ。まず、カッターナイフの刃は新品の長い物を使う！　これがコツなんだ。

ほんとだ。最後ははさみで切り取れば、危なくないですね。

そう。底を切り取るとき最初だけカッターナイフで、あとは全部はさみでも切っていけるよ。

シールなどで飾って応援メガホンのできあがり。

もうひとつの棒がついているのも楽器ですか？

これは、〝カラカラ〟と呼んでいる楽器。カラカラカラとペットボトルを弾く連続音が楽しいので、作ってみてごらん。

ペットボトルって、いろんな音のする楽器になるんだね。

①刃の先を少しだけ出して、１か所をゴシゴシこすり穴を開ける。

②刃を長めに出し穴にさし込み、刃の元のほうで包丁で切るように、すっと引いて回しながら切る。

③ペットボトルはやわらかいプラスチックだから、最後に切り離すのは、カッターナイフでなくてもはさみでOK。

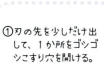

さて、楽器のほかにも面白い使い方があるんだ。メガホンと"カラカラ"の間にあるもの何だと思う?

これは……ビーズですね。ビーズもペットボトルで作れるんですか? 小さく切って丸めてはるのかしら?

いや、もっと簡単なんだ。これはペットボトルを縦に細く切ったものに、フェルトペンで色を塗って、オーブントースターで熱を加えたもの。ペットボトルは縦方向に縮んで丸まるんだよ。

プラ板みたいになるんですね!

そう。途中で取りだすと指輪みたいに、最後まで丸まるとビーズになるんだ。温度や取りだすタイミング、またペットボトルの種類によってもでき方が変わるので、いろいろ試してみるといいよ。

ペットボトルって面白い材料ですね!

[“カラカラ”の作り方]

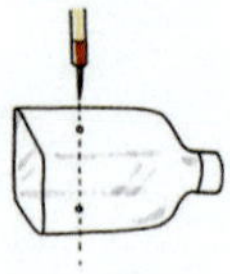

①端から3分の1くらいの所に通し穴を開けます。

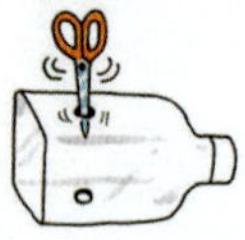

②はさみの先でグリグリして穴を広げます。

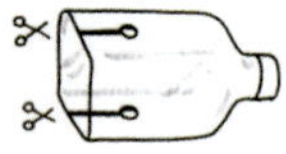

③ふちから穴まで切り込みを入れます。

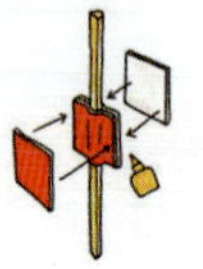

④割りばしにボール紙をしっかりはり合わせます。

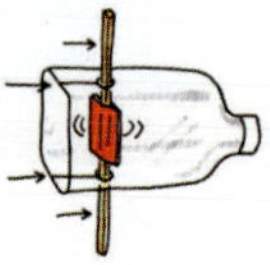

⑤④を切り込みから穴にはめ込みます。

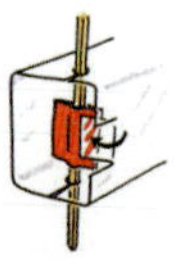

⑥横のふちに穴のあたりまで2本切り込みを入れ、中に折り曲げます。

⑦ボール紙に少しだけ触れるくらいに切って長さを調整します。

割りばしを持って勢いよく回すと、ボール紙が曲げた部分を弾いてカラカラカラと鳴ります。

詳しい作り方は動画で見られます

※動画共有サイト YouTube のページに接続します。

炭酸飲料などの、厚手ででこぼこのないペットボトルを使うといいでしょう。

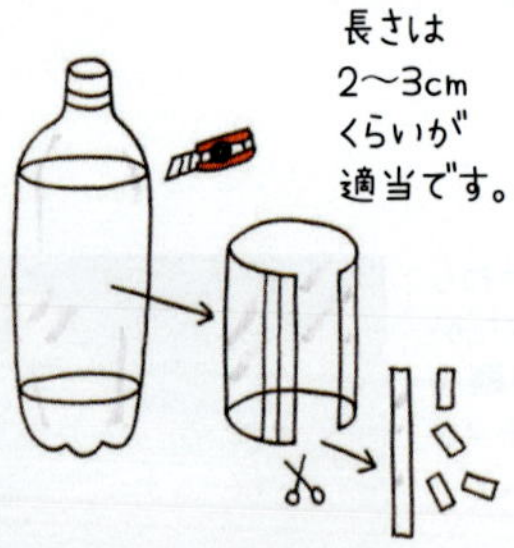

長さは2〜3cmくらいが適当です。

まっすぐな真ん中部分を切り開いて、幅1cmくらいの縦のオビに切ります。

保育士さんの「やってみました！」

ペットボトル楽器

それぞれ 2L と 500mL のペットボトルを 2 本ずつ使って楽器を作りました。

2L のペットボトルは口の部分を切り取り、つなげて長くして、太鼓を作ってみました。中に**小さく切ったストローと鈴を入れたことで、叩いたときに、よい音が鳴り、またマラカスのように振っても楽しくあそぶことができます。**500mL のペットボトルは底の部分を切り取り、切り込みを入れ、ふたつをつなげて、持ち手を持って振ると、シャカシャカと音の鳴る楽器ができました。身近な物で簡単に作ることができ、フェルトペンやシールで自分の好きなように飾りつけをすると、より楽しくあそぶことができました。

ペットボトルビーズ

炭酸飲料のペットボトルを使ってビーズを作りました。ペットボトルの真ん中の部分を切り取り、油性フェルトペンとポスターカラーマーカーで模様を描きます。**透明感がある油性フェルトペンと、はっきり発色するポスターカラーマーカーを組み合わせることで、いろいろな模様のビーズが作れました。**模様を描いて小さく切り、アルミホイルの上に並べてトースターで温めます。いくつか大きさを変えて試してみましたが、縦 3：横 1 の割合で切ったものが一番きれいに丸まりました。なかにはペットボトルがまっすぐ切れておらず、ねじれてしまった物もありましたがとても丈夫なビーズが、できあがりました。できあがったビーズは 2 歳児クラスで、ひも通しにしてあそびました！

おわりに

「教えて！　工作マエストロ」をご覧になっていかがでしたか。「作ってみたい」と思った作品はいくつありましたか。「マエストロ」の技は、堪能されましたか。どこにでもある材料と道具で、こんなに豊かで楽しい作品を生み出すことができます。

本書の続編「教えて！　工作マエストロ第２巻」もぜひご覧ください。「100円ショップ」で簡単に手に入る材料が大変身しますよ。

ちょっとした空き時間を子どもたちの育ちのための有意義な時間に変えることができるのが、工作です。さぁ、今からあなたも「工作マエストロ」です。

黒須　和清（くろす　かずきよ）

1955年東京生まれ。東京教育大学教育学部芸術科卒。

ほりおこしペーパークラフト作家として手作り玩具や人形ショーを作り、公演や講習会をするかたわら作品製作に励み個展、教室、パフォーマンスなどを各地で開催。作品制作とともに、洗足こども短期大学専任教授として保育士の卵たちに造形表現を教えている。横浜市在住。

教えて！　工作マエストロ

平成30年10月19日　初版第1刷発行

定　価　本体1,400円（税別）

著　者　黒須　和清

発行者　野崎　吉康

発行所　社会福祉法人 全国社会福祉協議会

〒100-8980　東京都千代田区霞が関3-3-2　新霞が関ビル

TEL 03-3581-9511　FAX 03-3581-4666

振替　00160-5-38440

ISBN　978-4-7935-1284-1　C2036　¥1400E

印　刷　株式会社加藤文明社印刷所